Alles ist vorherbestimmt, Anfang wie Ende, durch Kräfte, über die wir

keine Gewalt haben. Es ist vorherbestimmt für das Insekt nicht anders als

wie für den Stern. Die menschlichen Wesen, Pflanzen oder der Staub –

wir alle tanzen nach einer geheimnisvollen Melodie, die ein unsichtbarer

Spieler in den Fernen des Weltalls anstimmt.

Albert Einstein

Mit Rücksicht auf resozialisierte Täter und insbesondere auf Angehörige von Opfern und Tätern wurden die Namen in den Berichten überwiegend verfremdet und sind entsprechend mit einem Sternchen * gekennzeichnet.

DIE AUTOREN

FRANK DEPPE, Jahrgang 1965, wuchs auf Sylt auf und ist seit 1986 als hauptberuflicher Journalist tätig. 1992 kehrte er auf seine Heimatinsel zurück, machte sich hier 2001 als freiberuflicher Journalist und Autor selbstständig. Frank Deppe schreibt in diversen lokalen und überregionalen Zeitungen. Gemeinsam mit Volker Frenzel gestaltete er bereits mehrere Bücher über Sylt.

VOLKER FRENZEL, Jahrgang 1948, fotografiert seit mehr als drei Jahrzehnten. Er besitzt inzwischen ein Bildarchiv, das eine Viertelmillion Motive umfasst. Volker Frenzel, der für zahlreiche Printmedien tätig ist, arbeitet dabei mit modernster Kamera- und Computertechnik. Schwerpunkte seiner facettenreichen Arbeit sind die Themen Natur, Events und Prominenz.

IMPRESSUM
„Sylter Tragödien"
2009, 1. Auflage
Texte: Frank Deppe
Fotos: Volker Frenzel
Layout: Mareike Toth

Dieses Werk ist rechtlich geschützt. Die auszugsweise oder komplette Wiedergabe der Texte und Fotos ist nur mit Genehmigung der Autoren zulässig.

ISBN 978-3-00-027413-8

Die Deutsche Bibliothek verzeichnet dieses Buch in der Deutschen Nationalbibliografie.

Für die Überlassung von Fotografien danken die Autoren Jörg Elias,
der Familie Muschner, Maren Stöver, Holger Widera und Bernd Walliser.

Bücher von Frank Deppe und Volker Frenzel: www.sylt-buecher.de

INHALTSVERZEICHNIS

Heimsuchung durch Seuchen   S. 6

Die Schrecken des Krieges   S. 10

Sturmfluten   S. 21

Weitere Naturkatastrophen   S. 25

Unselige Urlaubstage   S. 29

Gesucht und gefunden   S. 35

Kuriose Tragödien   S. 39

Radau und Randale   S. 43

Um Hab und Gut   S. 47

Flugzeugabstürze   S. 55

Schiffshavarien   S. 61

Zugunglücke   S. 69

Weitere Unfälle   S. 72

Es brennt!   S. 77

Reise ins Verderben   S. 86

Ertrunken im Meer   S. 90

Erfroren im Eis   S. 102

Suizide   S. 107

Tötungsdelikte   S. 111

Lebenskampf in der Tierwelt   S. 123

Quellenverzeichnis   S. 134

HEIMSUCHUNG DURCH SEUCHEN

„ÜBERALL TRAUER UND TRÄNEN"

Endlich! Bereits seit Stunden halten die beiden Männer am Fuß des Morsumer Kliffs Ausschau. Es ist ein kühler Herbsttag, dichte Nebelschwaden ziehen über das Wattenmeer. Plötzlich löst sich ein Schatten aus dem Dunst. Behutsam steuert Thame Nickels mit seinem Boot das Ufer an. Die beiden Männer, Nachbarn aus dem Dorf, helfen beim Ausladen der Fracht: Es sind Holzstämme, die Thame Nickels zum Ausbessern seiner windschiefen Behausung vom Festland heran geschafft hat. Denn Holz ist ein rares Gut auf Sylt, wo nur vereinzelt Bäume wachsen.

Als Thame Nickels am nächsten Morgen erwacht, fühlt er sich entkräftet. Waren die Anstrengungen der Fahrt doch zu groß? Am Mittag befällt hohes Fieber seinen Körper. Am Tag darauf verschlimmert sich der Zustand des Kranken weiter. Die Lymphknoten an der Leiste schwellen auf die Größe von Eiern an, Schüttelfrost durchzuckt die Glieder. Der Feldscher, den Thames Frau herbei gerufen hat, ist ratlos. Diese Symptome sind ihm fremd. Am Abend hustet der Siechende Blut. Noch in der selben Nacht enden seine Leiden.

Schon am nächsten Tag wird Thame Nickels auf dem kleinen Friedhof an der Morsumer Kirche beigesetzt. Schweigend stehen die Menschen am Grab, die Witwe umklammert hilflos ihre Kinder. So unverhofft wurde ihr Gatte, einer der kräftigsten Männer im Dorf, aus dem Leben gerissen. Warum?

Wenige Tage danach spricht es sich in Morsum in Windeseile von Tür zu Tür: Thames Frau ist tot. Die beiden Kinder ebenso. Ihr Leiden nahm den selben Verlauf wie es Thame dahin gerafft hatte. Am nächsten Tag stirbt ein Nachbar. Am Tag darauf zwei weitere Männer, auch zwei Frauen und ein Kind. Die Angst nimmt die Morsumer in den Würgegriff. Wer wird das nächste Opfer sein?

Das Sterben will kein Ende nehmen. Bald stündlich wird vor einer der ärmlichen Hütten eine Leiche auf den Pferdekarren gebahrt, der die Toten zum Friedhof bringt. Die Lebenden kommen mit dem Schaufeln der Gräber kaum nach, schließlich heben sie eine große Grube aus, in der sich die Leichen bald stapeln. Die Wege in Morsum sind leer, die Menschen trauen sich zuletzt nicht mehr aus ihren Hütten. Sie wissen nicht, welche Seuche sie da heimsucht, doch sie haben erkannt: Diese tückische Krankheit ist höchst ansteckend. Auch die kleine Kirche, die vor einigen Tagen noch von Klagen und Flehen erfüllt war, ist jetzt verwaist. Nach drei Monaten klingt die Epidemie, die so viel Tod und Trauer hinterlässt, urplötzlich ab. Morsum ist nahezu ausgestorben. Nur ein Dutzend Menschen hat die Tragödie auf wundersame Weise überlebt. So könnte es gewesen

Wahllos suchte sich der Schwarze Tod auf Sylt seine Opfer:
Waren diese von der Beulenpest befallen, half auch Beten wenig

sein, damals im Jahre 1350, als die Pest nach Sylt kam.

Fünf Mal wütete der „Schwarze Tod" im Laufe der Jahrhunderte auf der Insel: Das war in den Jahren 1350, 1557, 1581, 1597 und zum letzten Mal 1629. Die erste Epidemie war die verheerendste. Chronisten zufolge wurde Sylt durch sie „fast zur Gänze entvölkert". Zuvor hatte die Pest in Europa bereits ein Jahr lang gewuchert – mehr als 20 Millionen Menschen sollen ihr zum Opfer gefallen sein.

Zum ersten Mal in Erscheinung getreten war die Heimsuchung im Jahre 1347: Tatarische Reiterhorden hatten die genuesische Handelsstadt Kaffa am Schwarzen Meer belagert. Als unter den Angreifern die Pest ausbrach, wurden die Toten über die Stadtmauer katapultiert, so dass die Seuche bald auch in Kaffa grassierte. An Bord von Handelsschiffen gelangte die todbringende Infektion, die durch Rattenflöhe übertragen wurde, nach Sizilien. Von hier aus breitete sich die Pest in alle Himmelsrichtungen aus, erreichte 1349 Deutschland und wucherte von den Alpen bis an die Nordsee.

Die Pest machte keinen Unterschied zwischen den Ständen. Sie raffte Bettler ebenso dahin wie Bischöfe, die französische Königin Johanna von Burgund ebenso wie den Leibarzt des englischen Königs.

*In der Morsumer Kirche erinnert noch heute die
„Pesttafel" an die Epidemie des Jahres 1629*

Auf Sylt blieben 1350 in Morsum nur elf Menschen von der Pest verschont, die das Leben im Nachbardorf Archsum vollständig auslöschte. „In Wenningstedt waren nur ein Mann und ein kleines Kind übrig geblieben, in Eidum nur drei Familien", schrieb der Sylter Chronist C. P. Hansen. „Haufenweise wurden die Leichen in die Pestkuhlen hinein gestürzt. Nur Rantum blieb von der Pest wohl ganz verschont, so dass von hier aus in der Folge mehrere Dörfer neu besiedelt wurden. So nahmen die Menschen, die übrig geblieben, allda die besten Häuser und Ländereien in ihren Besitz."

Noch vier Mal kehrte die Pest nach Sylt zurück und forderte mehrere hundert Todesopfer. Allein die letzte Pestwelle im Jahre 1629 kostete auf der Insel 160 Menschen das Leben. Ein Zeitzeuge schilderte: „Überall brachte diese Geißel Gottes Trauer und Tränen. Häuser standen unbewohnt da, Kinder flohen vor den Leichen ihrer Eltern, Herden gingen ohne Hirten auf dem Felde." Über hundert Menschen soll der Schwarze Tod allein in Morsum seinerzeit dahingerafft haben.

In der Morsumer Kirche erinnert noch heute eine alte Gedenktafel an die Schrecken des Dreißigjährigen Krieges, in dem das Gotteshaus zu einer Wehrkirche umgebaut wurde, und an die Pest im Jahre 1629. Die friesische Inschrift der Tafel berichtet: „Unsere Kirche mit Schanze und Graben stark befestigt, besetzt in aller Eile. Das Jahr darauf, in kurzer Frist, die Pest uns flugs gefolget ist."

Doch nicht nur die Pest brachte Leid über die Menschen. Im Winter 1681 starben in Keitum 22 Menschen an der Ruhr, fast ebenso viele noch einmal 1702. Anno 1694 grassierten die Pocken „so heftig, dass die Schulen ganz leer standen. 1705 gegen Weihnachten fingen sie wieder an. In Tinnum wurden aus einem Hause drei Kinder zugleich begraben, und auch ein Vater auf List verlor drei schöne Knaben. 1797 ist diese Krankheit zum letzten Mal auf Sylt gewesen, daran starb am 28. im Februar Moiken Uwen Palm."

Die Angina dezimierte 1777 die Zahl der Sylter Kinder: „Es grassierte die so genannte Halskrankheit unter den Sylter Kindern so heftig, dass jedes fünfte daran verstarb." Und 1859 „hatten mehrere Kinder in Westerland das Scharlachfieber, so dass die Schule geschlossen wurde, die Konfirmanden nicht zur Predigt gehen konnten und kein Tanz gehalten werden durfte, weil einige Personen starben." Der Typhus forderte 1784 im Kirchspiel Keitum 69 Todesopfer, darunter auch der Pastor.

Als 1892 in Hamburg die Cholera ausbrach, trafen die Sylter Ärzte in einer Versammlung am 23. August folgende Vereinbarungen: „Sämtliche ankommenden Dampfer sind ärztlich zu revidieren und die Kapitäne anzuweisen, während der Überfahrt genau auf den Gesundheitszustand der Passagiere zu achten. Ein jeder verdächtiger Fall auf Cholera ist zu isolieren. Zu diesem Zwecke ist in Munkmarsch eine Isolierbaracke zu erbauen. Das gesamte Gepäck sowie die Bekleidung von verdächtigen Personen sind streng zu desinfizieren, ebenso haben sich die verdächtigen Personen einer mehrstündigen Beobachtung zu unterziehen."

Von einem funktionierenden Gesundheitswesen konnte auf Sylt in den Jahrhunderten zuvor keine Rede sein. Feldscher und Laienärzte waren meist keine große Hilfen und ihre Ratschläge muteten oft kurios an: Sich etwa bei starken Magenschmerzen einen Löffel Dünensand zu verabreichen, das dürfte schon Überwindung gekostet haben. Der Morsumer Pastor Johann Gottfried Witt riet in einem 1792 erschienenen Buch zu folgender Ersten Hilfe: „Ertrunkene trägt man in das nächste Haus, entblößt sie von ihren nassen Kleidern, trocknet sie ab und bedeckt sie. Nun rüttelt man sie gelinde und reibt ihren Kopf, die Brust und die Fußsohlen. Man hält ihnen Zwiebeln unter die Nase und bläst auch Tabakrauch in ihre Nase. Vor allem gewaltsamen Rütteln muss man sich hüten, auch nicht den Ertrunkenen bei den Beinen aufhängen." Erst die Typhusepidemie im Jahre 1784, bei der „im Kirchspiel Keitum vier Mal so viel Menschen starben wie in gewöhnlichen Jahren", gab den Anstoß für die Bestallung des ersten Sylter Arztes.

Die Schrecken des Krieges

Pulverdampf über dem Lister Tief

Schwerer Kanonendonner grollt über das Meer, der Seewind schmeckt nach Pulverdampf. Es ist der 16. Mai im Jahre des Herrn 1644, in Europa tobt der Dreißigjährige Krieg und im Lister Tief eine erbitterte Seeschlacht. Im Morgengrauen waren neun dickbäuchige dänische Kriegsschiffe auf eine Armada von 26 schwedischen und vier holländischen Schiffen gestoßen und seitdem qualmen die Geschützluken.

Als der Wind aufbrist und die dänischen Schlachtschiffe bedrohlich näher kommen, flüchten sich die Schweden in das Flachwasser und werfen Anker. Es sind viele Leichen im Dünengras zu verscharren: „Gestern sind hier auf List fünf Gruben gemacht, darinnen 500 Todte, theils ohne Kopf, ohne Arme und Beine", beschrieb ein Chronist die Gräuel.

Die Schweden sind also vorerst geschlagen und die dänische Flotte dreht ab, doch die Gefahr ist damit noch nicht gänzlich gebannt: Die überlebenden schwedischen Krieger beginnen, die Inseldörfer zu plündern. Doch es naht Rettung: In Morsum landet ein Trupp dänischer Soldaten und rüstet gemeinsam mit mutigen Sylterinnen – die meisten Männer sind auf Walfang – zu einem Feldzug gen List. Die Frauen tragen an diesem Tag, es ist der 25. Mai 1644, ihre Sonntagstracht und schwingen Sensen und Forken. In einem Dünental überraschen die Frauen und die Dänen den Feind und verjagen ihn. Auch die dänischen Kriegsschiffe sind wieder da und treiben die schwedische Armada vor sich her, der schließlich ein aufkommender Sturm zur Flucht vor den unerbittlichen Verfolgern verhilft.

Vor List kommt es 1644 zu einer erbitterten Seeschlacht – in deren Verlauf der dänische König ein Auge verliert

LEICHEN AM FLUTSAUM

Der Erste Weltkrieg war noch keinen Monat alt, da wurden auf dem Westerländer Friedhof bereits die ersten Gefallenen begraben: Am 28. August 1914 waren die beiden Kreuzer „Mainz" und „Köln" nach einem Gefecht von englischen Panzerkreuzern in der Nordsee versenkt worden. Zwei Tage später trieben 17 Tote am Sylter Strand an und wurden in einem gemeinsamen Grab beigesetzt.

Auch die Sylter kamen während der folgenden vier Jahre nicht ungeschoren davon: 160 an der Front gefallene Söhne, Väter, Ehemänner lautete die traurige Bilanz zu Kriegsende. Die auf der Insel stationierten Soldaten hingegen bekamen den Feind nie zu Gesicht. Sie hatten ein ruhiges Leben und sollen sich bei ihren Wachgängen mehr um das Sammeln von Möweneiern denn um ihre dienstlichen Pflichten gekümmert haben.

BOMBEN AUF SYLT

Als der Schlachtkreuzer „Schleswig-Holstein" am 1. September 1939 nahe Danzig auf ein polnisches Munitionsdepot feuert, ist dies der Beginn des Zweiten Weltkriegs. 700 Sylter wird er das Leben kosten – in Russland, der Normandie oder auf einem anderen der

Sylt wird zur Festung: Zahllose Flakstellungen, Bunker und MG-Stellungen pflastern die Dünen. Hier eine Geschützstellung in List

zahlreichen Schlachtfelder. Derweil verwandelt sich die Insel in rasantem Tempo in eine Festung – zahllose Flakstellungen, Geschützbunker und MG-Stellungen pflastern die Dünen, Kasernen, Flugzeughallen, Treibstoff- und Munitionslager werden gebaut, bis zu 10.000 Soldaten auf Sylt stationiert. Doch das Eiland gerät nur wenige Male ins Visier der Gegner: „Am 30. September 1939 versuchten zwei Schwärme von zwölf britischen Kampfflugzeugen in das deutsche Hoheitsgebiet über der Nordseeküste einzudringen. Fünf Flugzeuge wurden abgeschossen, die übrigen durch Flakfeuer vertrieben", vermeldet die „Sylter Zeitung". Eine der Maschinen zerschellt in den Sylter Dünen. Drei Besatzungsmitglieder sterben, lediglich der Pilot George Heaton-Nicholls überlebt den Absturz.

1939: Ein abgeschossener englischer Flieger wird von deutschen Soldaten auf dem Lister Friedhof beigesetzt

Wenige Monate später wird Sylt von den Briten ein zweites Mal zum Abschuss frei gegeben: „Gentlemen, in diesem Augenblick bombardieren unsere Flugzeuge die deutsche Insel Sylt", teilt Premierminister Neville Chamberlain am 19. März 1940 dem britischen Unterhaus während einer Parlamentsdebatte unvermittelt mit. Sylt liegt im hellen Mondlicht, als um 19.57 Uhr die ersten von 50 Maschinen die Insel erreichen. Die deutsche Flak feuert aus allen Rohren, Bomben fallen vom Himmel – sieben Stunden lang dauern die Angriffswellen. 120 Bomben und 1200 Brandsätze regnen auf Sylt hernieder, doch die meisten von ihnen fallen ins Meer oder schlagen in den Dünen ein. Eine Bombe trifft ausgerechnet das Lazarett in der Hörnumer Kaserne. Zwei Arbeiter werden während der Angriffe durch Bombensplitter am Oberkiefer beziehungsweise am Unterschenkel leicht verletzt. Ein dritter Mann ist schwerer getroffen und stirbt wenige Tage später. Im Gefechtsbericht an das Marineoberkommando Nord meldet der Küstenbefehlshaber Nordfriesland über den erfolgten Angriff auf Sylt: „Sachschäden gering. Haltung der Offiziere und Mannschaften sehr gut. Flak gab über 6800 Schuss ab. Zusammenfassend: Trotz großen Einsatzes Feindwirkung gering, Großangriff erfolgreich abgewehrt." Die Briten haben lediglich eine Maschine verloren; sie stürzte ins Lister Watt, zehn Wochen später trieb die Leiche des Piloten am Strand an.

Einer der wenigen Treffer eines Bombenangriffs schlägt ausgerechnet im Lazarett der Hörnumer Kaserne ein

EIN EXPLOSIVES ERBE

Die Gefahr lauerte in den Wellen. Am 9. August 1941 erschütterte vor Sylt eine Detonation den Frachter „Gertrud". Stark beschädigt wurde das Schiff abgeschleppt. Am 4. Juni 1942 explodierte vor Hörnum der Bug des Frachters „Dorothea". Das Schiff sank, zwei Matrosen ertranken. Am Abend des 22. Februar 1944 erwischte es den Tonnenleger „Wyk" vor der Sylter Nordspitze – von elf Besatzungsmitgliedern überlebte nur ein Mann. Alle drei Schiffe wurden Opfer von Treibminen, die während des Krieges immer wieder von feindlichen Fliegern vor der Küste abgeworfen wurden. Der Sylter Sprengmeister entschärfte während der Kriegsjahre Hunderte von Geschossen; allein im August 1940 wurden 71 Minen und sechs Sprengbojen an die Strände der Insel geschwemmt.

*In der Nachkriegszeit spülte das Meer immer wieder Treibminen
an die Sylter Küste, die entschärft oder wie hier gesprengt wurden*

Die schwimmenden Sprengladungen blieben indes auch lange nach Kriegsende noch eine Gefahr. Hinzu kamen noch jene 1150 deutschen Minen, die entlang der Sylter Westküste als „Invasionssperre" gelegt worden waren. Zahlreiche Minen wurden in den Nachkriegsjahren gesprengt, doch immer wieder gab es böse Überraschungen. „Vorsicht bei Strandfunden!" warnte die Sylter Tageszeitung am 18. Oktober 1955 und berichtete, warum: „Ein Vorfall gibt wieder einmal Anlass zur Mahnung. In Westerland hat ein Bürger einen unbekannten Gegenstand, den er am Strand auffand, als Brennmaterial in den Ofen gesteckt. Dieser explodierte und entwickelte einen derartigen Rauch, dass dieser aus allen Türen und Fenstern drang. Die Feuerwehr entfernte das gefährliche Objekt."

Selbst in der Neuzeit findet sich immer mal wieder ein brisantes Relikt des Zweiten Weltkriegs. Einen besonders kapitalen Fang machte 1998 ein Fischer im Wattenmeer vor Braderup: Es war eine 500 Kilogramm schwere und 1,30 Meter lange Fliegerbombe, die nur hundert Meter von der Küste entfernt im flachen Schlickboden lag. Am 15. Januar 2005 entdeckte ein Sylter bei einem Spaziergang am Hörnumer Dünenfuß einen merkwürdigen Gegenstand, den eine Sturmflut frei gespült hatte. Der Fund

Diese stattliche Fliegerbombe entdeckte ein Fischer 1998 im Braderuper Watt

entpuppte sich als eine ein Meter lange und 100 Kilo schwere Fliegerbombe mit intaktem Zünder. Das Gebiet wurde weiträumig abgesperrt, die Bombe am nächsten Tag vom Kampfmittelräumdienst gesprengt.

Wie viel Sprengstoff mag noch auf dem Meeresgrund ruhen? Derzeit sind im Bereich der deutschen Nordseeküste in den Seekarten des Bundesamtes für Seeschifffahrt und Hydrographie 14 Flächen mit dem Hinweis „Unrein (Munition)" ausgewiesen, davon alleine fünf rund um Sylt. Aktuelle Berechnungen ergaben, dass noch zwischen 400.000 und 1,3 Millionen Tonnen Kampfmittel im Untergrund lagern – eine stete Belastung auch für die Umwelt: Durch Korrosionsschäden treten permanent Schwermetalle wie Blei und Quecksilber aus.

2005 wurde eine vom Meer freigespülte Bombe am Fuße der Hörnumer Dünen gesprengt ...

... nach der Detonation inspizieren Spaziergänger neugierig den Bombenkrater

Sylt unterm Hakenkreuz

Nach der Machtergreifung Adolf Hitlers dauerte es nicht lange, bis die braune Ideologie auch an die Ufer von Sylt schwappte. Bereits im August 1933 ersuchte ein Sylter Vermieter einen jungen Juden, der mit seiner Freundin hier die Ferien verbrachte, umgehend sein Haus zu verlassen. „Ein deutsches Mädchen sollte sich schämen, sich mit einem Judenlümmel einzulassen", gab der folgsame Scherge dem Paar mit auf den (Heim-)Weg. Die „Sylter Zeitung" heizte die Stimmung im Juli 1934 weiter an: „In vielen Häusern kommt das Schild 'Hier werden keine Juden aufgenommen' zu Ehren. Deutsche Volksgenossen, Euch gehört der Strand, der Jude soll in Palästina baden."

Worte, die auf allzu fruchtbaren Boden fielen: Westerlands Bürgermeister teilte im März 1934 mit: „Westerland wird die Aufnahme von Juden künftig ablehnen." Erst vier Jahre später zogen auch die anderen Inselorte nach, darunter Wenningstedt: „Es ist festgestellt worden, dass Juden, die in anderen Bädern nicht geduldet werden, versuchen, bei uns unterzukommen. Wir machen daher darauf aufmerksam, dass Juden auch bei uns in höchstem Maße unerwünscht sind", erklärte die Bäderdirektion. Dennoch nahm man es auch weiterhin nicht überall so genau: „Ob Arier oder Jude ist mir wurscht – Hauptsache, meine Betten sind belegt", befand eine Westerländer Vermieterin bei einer Versammlung bündig.

Allein: Nicht nur unerwünschte Gäste wurden von den Nationalsozialisten drangsaliert. Einen Arbeiter hatte man der Aussage beschuldigt: „Hitler verrät die Arbeiter." Von SA-Leuten flankiert, wurde er mit zwei Schildern um den Hals („Ich roter Lump" und „So geht es jedem, der unseren Führer beschimpft") um den Hals durch Westerland getrieben. Zwei Westerländer Geschäftsleute wurden wegen kritischer Äußerungen über die SA zeitweilig in „Schutzhaft" genommen. Auch Kaufmann Carl Clausen gab sich am Stammtisch zu freimütig und kritisierte die Politik Hitlers. Am nächsten Tag wurde er zum Amt zitiert, wo man ihm ein Schild mit der Aufschrift „Ich bin ein großer Saukerl" umhängte und ihn durch Westerland führte.

Noch schlimmer litten die Zwangsarbeiter, von denen bis zu 1500 auf Sylt vegetierten. Viele von ihnen überlebten die Strapazen der Arbeit und Mangelernährung nicht. Ein Westerländer Zeitzeuge schilderte folgende Beobachtung: „Zwei Russen brachten bei Schnee Kohlen zu uns, statt Schuhe trugen sie Lappen an den Füßen. Bei den Hühnern lag ein altes Brot, steinhart und verschimmelt. Da sah ich, wie die beiden Männer über den Laib regelrecht herfielen, so ausgehungert waren sie."

Auch deutsche Soldaten waren vor dem Terrorregime nicht gefeit. Insbesondere Fahnenflucht galt als unentschuldbar und zog fatale Folgen nach sich. Noch im April 1945 kam es in den Westerländer Dünen zur Vollstreckung dreier Todesurteile, darunter an einem erst 20-jährigen Soldaten. Er hatte unerlaubt die Kaserne verlassen, um seine Freundin zu treffen.

Noch heute klagt in Keitum ein Straßenname an. Der Ludwig-Borstelmann-Wai erinnert an einen Keitumer, der sich im guten Recht glaubte und dafür teuer bezahlen musste. Weil er auch gegenüber NSDAP-Mitgliedern vehement seine Interessen vertrat, wurde er 1941 von zwei Gehilfen „wegen verleumderischer Behauptungen" fälschlich denunziert und umgehend inhaftiert. Der letzte Brief, der seine Ehefrau erreichte, zeugte von einer jämmerlichen gesundheitlichen Verfassung: „60 Pfund Gewicht sind so schnell nicht wieder aufzufuttern. Mein Hals ist noch rauh und wund. Die letzte Nacht hatte ich fürchterliche Zahnschmerzen, doch heute morgen konnte ich den Zahn mit der Zunge herausdrücken. Ich hoffe, dass ich nun bald zu Euch zurückkehre." Eine vergebliche Hoffnung. Am 9. Oktober 1942 verstarb Ludwig Borstelmann im KZ Groß-Rosen. Der Befund des SS-Lagerarztes klang zynisch: „Durchfall und Kreislaufschwäche."

Und die Kirche? Stand sie den Verfolgten in christlichem Geiste bei? Oft wurde geschwiegen. Schlimmer noch: Manche Pastoren machten sich zu Handlangern des Teufels in Menschengestalt. Ein Kurpastor, der die Norddörfer betreute, predigte 1934: „Adolf Hitler ist der uns von Gott geschenkte Führer. Ihm schulden wir Treue, Gehorsam und Gefolgschaft bis in den Tod." Auch der Morsumer Pastor begrüßte die Machtübernahme der Nationalsozialisten und schrieb 1933 in der Sylter Zeitung: „Die deutsche Lage braucht heute einen Führer, der uns mit des allmächtigen Gottes Hilfe aus dem Sumpf rettet und zu neuem Aufstieg führt. Der Geist Adolf Hitlers hat uns im Innersten gepackt, der Geist eines Mannes, der in seinem tiefsten Wesen und Wollen mit Gottes Wollen übereinstimmt."

Vom Saulus zum Paulus, diese Wandlung vollzog hingegen Pastor Reinhard Wester, der von 1932 bis 1936 der Westerländer Kirchengemeinde vorstand. Zunächst gab sich Wester linientreu, trat zeitweilig der SA bei und verkündete bei seinen Predigten emphatisch: „Wir sehen in Adolf Hitler das Werkzeug, durch das Gott an unserem Volke handelt. Der Führer hat den göttlichen Plan geschaut und in wahrhaft prophetischer Kraft ein ganzes Volk auf diesen Weg gerufen." Erst der Beitritt zur Glaubensbewegung „Bekennende Kirche" eröffnete den Weg zur Läuterung. Wester schrieb in sein Tagebuch: „Der Kampf des Nationalsozialismus richtet sich gegen die Verkündigung des Evangeliums überhaupt." Und: „Unsere Zeit offenbart viel Charakterlosigkeit und Gesinnungsschnüffelei, die Gott nicht gefallen und dem Volk nicht dienen kann."

Im Mai 1941 wurde Wester von der Gestapo verhaftet. Seine Ehefrau berichtete: „Ich stillte gerade unsere Tochter, da wurde die Haustür plötzlich von Beamten der Gestapo scharf geöffnet. Sie wollten eine Hausdurchsuchung vornehmen." Nach vierwöchiger Haft wurde der Delinquent vorerst auf freien Fuß gesetzt. Um weiteren Schikanen zu entgehen, meldete er sich „auf dringenden Rat meiner Freunde hin" freiwillig zum Kriegsdienst. In Ägypten geriet der Pastor in Uniform in Kriegsgefangenschaft, kehrte 1947 unbeschadet nach Sylt zurück. Noch im selben Jahr wurde er zum Bischof von Schleswig gewählt.

Tod im Arbeitslager

Wer heutzutage an Sylt denkt, der träumt von un-
beschwerten Urlaubstagen, von Strand und Meer.
Für Tausende von Menschen weckte der Name
„Sylt" vor 70 Jahren hingegen ganz andere Assozia-
tionen: Furcht, Leiden, Tod. Auf der britischen Ka-
nalinsel Alderney hatte das NS-Regime während
des Krieges vier Arbeitslager eingerichtet. Das be-
rüchtigtste unter ihnen trug den Namen einer deutschen Urlaubsinsel. Mindestens 350 Menschen
fanden im Lager „Sylt" den Tod. Zum Teil wurden
die Leichen irgendwo auf Alderney verscharrt. Zum
Teil warf man sie einfach ins Meer.

*Verwitterte Torpfosten künden auf
Alderney noch heute vom einstigen
Arbeitslager „Sylt"*

Die Kriegsheimkehrer

Als Deutschland am 8. Mai 1945 kapitulierte, war der Krieg für viele Soldaten noch
lange nicht vorbei. 3,2 Millionen Männer gerieten in sowjetische Kriegsgefangenschaft,
und jeder dritte von ihnen überlebte die Martyrien nicht: Hunderttausende verhunger-
ten, erfroren, siechten an Typhus dahin oder wurden erschossen. Wer das Joch überstand, vegetierte über Jahre mehr schlecht als recht dahin. In Arbeitslagern mussten die
Inhaftierten schuften bis zum Umfallen, ihre Mahlzeiten bestanden aus dünnen Suppen
und verdorbenen Lebensmitteln.
Erst im Herbst 1955, zehn Jahre nach Kriegsende, erreichte Bundeskanzler Konrad Aden-
auer nach zähen Verhandlungen in Moskau die Freilassung der Kriegsgefangenen – als
Gegenleistung für die Aufnahme diplomatischer Beziehungen und die stillschweigende
Anerkennung der Existenz zweier deutscher Staaten.
Auch auf Sylt wird eine Handvoll Männer von Müttern, Ehefrauen, Kindern sehnlichst
erwartet. Als erster Heimkehrer trifft am 17. Oktober 1955 Hinrich Boy Christiansen
ein. Mit 17 Jahren wurde er zur Infanterie eingezogen, 13 Tage nach der deutschen Ka-
pitulation geriet er in Gefangenschaft. Christiansen überlebte vier Jahre Arbeitslager,
wurde 1949 zum Tode verurteilt und zu 25 Jahren Zwangsarbeit begnadigt. In einem Arbeitslager im Ural, 2000 Kilometer östlich von Moskau, saß Christiansen seine Zeit ab.
Eines Nachts erfuhr er von einem Wachposten, was niemand mehr zu hoffen wagte: Die
Gefangenen kommen frei.

Ihm nun bereiten die Sylter einen frenetischen Empfang. Hunderte drängen sich vor dem Westerländer Bahnhof, der Musikverein intoniert das Jubellied „So ein Tag, so wunderschön wie heute", als Christiansen zur Mittagsstunde an Gleis 1 aus dem Zug steigt. Nur mühsam kann sich der Held des Tages einen Weg durch die Menge bahnen, dann endlich schließt ihn seine Mutter in ihre Arme.

Der stellvertretende Westerländer Bürgervorsteher fasst am Mikrofon in Worte, was alle Umstehenden denken. „Wir wünschen Ihnen von ganzem Herzen, dass Sie sich von all dem Düsteren und Schweren, das nun hinter Ihnen liegt, körperlich und seelisch recht bald erholen. Mögen Sie, umfangen von der Achtung Ihrer Mitbürger, den Weg in das neue Leben mit Mut, Hoffnung und Vertrauen beschreiten. Zugleich wollen wir aber auch all jener gedenken, die nicht wiederkehren. Wir verbeugen uns in Ehrfurcht vor den Heimgegangenen." Nachdem Christiansen zahllose Hände geschüttelt hat, wird er durch ein Spalier von Blumengirlanden durch die Bahnhofshalle nach draußen geleitet und steigt in den Volkswagen seines Onkels. Die Fahrt endet wenige Minuten später in der Käpt'n-Christiansen-Straße, Hausnummer 19. Hinrich Boy Christiansen ist endlich daheim.

Epilog: Bereits drei Tage später steht Christiansen wieder am Westerländer Bahnhof. Diesmal jedoch ist ein anderer der Hauptdarsteller. Kurt Storm kehrt heim und wie zuvor ist wiederum halb Sylt auf den Beinen. Nach Storms Mutter und Bruder gehört Hinrich Boy Christiansen zu den ersten Gratulanten. Kurt Storm stehen die Tränen in den Augen. Seit er das letzte Mal vertrauten Boden betrat, sind zwölf Jahre vergangen.

Unter einem Spalier von Blumengirlanden bahnen sich Hinrich Boy Christiansen und seine Mutter den Weg durch den Westerländer Bahnhof

Der Krieg ist vorbei – das Elend bleibt

Mai 1945: Der Krieg ist vorbei, die Menschen atmen auf. Doch es bleiben schwere Zeiten, denn im zerbombten Deutschland ist nun fast alles Mangelware. Ein Kampener erinnerte sich noch viele Jahre später: „Der Winter 1946 wird mir unvergessen bleiben.

Tausende von Flüchtlingen fanden auf Sylt eine neue Heimat

Es gab keine Kartoffeln und kein Fleisch, stattdessen Kohlrüben in vielen Variationen. Wer kann es sich heute noch vorstellen – fünfmal die Woche gab es Kohlrüben zu Mittag und zweimal Sauerkraut. Dennoch wurden wir irgendwie immer satt." Im Mai 1947 betrug die Zuteilung an Lebensmitteln auf Sylt für einen Monat 5,5 Kilo Brot, 500 Gramm Zucker und 400 Gramm Fleisch pro Person.

Auch Energie ist knapp: In Westerland wird der Bürgermeister von der britischen Militärregierung angewiesen, den Verbrauch elektrischen Stroms „auf das geringste Maß einzuschränken", in den Sommermonaten gar „den Lichtverbrauch in Privathaushaltungen gänzlich zu verbieten". Den Bäckern ist das Backen von Kuchen untersagt.

In den Wintern versuchen die Menschen mit allen Mitteln, sich etwas Brennmaterial für ihre Öfen zu beschaffen. 50 Prozent der Kohleladungen auf den Zügen nach Sylt werden unterwegs gestohlen. Auf der Insel selbst mehren sich die Holzdiebstähle sprunghaft – Gartenpforten, Fahnenstangen, sogar das Geländer der Westerländer Promenade verschwinden über Nacht.

Erheblich verschärft wurde die Situation durch die unzähligen Flüchtlinge, die auf die Insel strömten. Von den Russen aus den Ostgebieten des Deutschen Reichs vertrieben, machten sich die Menschen auf einen langen Marsch gen Westen: „Einzeln und in Gruppen schritten sie mit gesenkten Köpfen ernst und still dahin, einige mit Pferd und Wagen, die meisten zu Fuß. Ihr Gepäck in kleine Handwagen oder auf Kinderwagen geladen, so zogen sie ins Ungewisse", erinnerte sich ein Zeitzeuge an einen Flüchtlingstreck aus Stettin.

Mehr als eine Million Flüchtlinge kamen auf diese Weise nach Schleswig-Holstein. Am 24. Februar 1945 erreichte kurz nach Mitternacht der erste Vertriebenentransport Sylt. Bis 1947 sollten es fast 14.000 Flüchtlinge sein, die in Privathaushalten und 18 Lagern einquartiert wurden. Auf Sylt leben nun plötzlich 26.000 statt zuvor 12.000 Menschen. Unter dem allgegenwärtigen Mangel leiden vor allem die Neuankömmlinge. 1946 listet ein Dokument auf: Für die Flüchtlinge fehlen unter anderem 3300 Betten, 7700 Paar Schuhe und 800 Stühle.

Besonders gravierend ist die Lage in Rantum, das die höchste Flüchtlingsquote der gesamten Insel aufweist: 1947 stehen 338 Rantumer Bürgern 1929 Flüchtlinge gegenüber. Die meisten von ihnen sind in der ehemaligen Kasernenanlage untergebracht. Die Verhältnisse sind erbärmlich. Die Betten sind provisorisch aus Brettern zusammen gezimmert, Stroh dient als Matratze. Mehrere Familien teilen sich jeweils einen Raum, gekocht wird im Freien auf ein paar Ziegelsteinen. Mittags kommt dünne Kohlsuppe auf den Tisch, abends etwas Magermilch. Der Leiter der Lagerschule notierte: „Für die schulpflichtigen Kinder gibt es weder Schreibzeug oder Papier, von Schulbüchern ganz zu schweigen. Einziges Hilfsmittel sind Wandtafeln. Stühle sucht man vergebens, die Kinder sitzen auf dem bloßen Fußboden. Ein Lehrer und fünf Hilfslehrerinnen unterrichten 525 Mädchen und Jungen, wobei die Klassenstärke bis zu 100 Schüler beträgt."

Im Laufe der Nachkriegsjahre verlassen viele Heimatvertriebene die Insel wieder, andere bleiben für immer: „Zahlreiche Flüchtlinge haben in dem Dorf eine neue Heimstatt gefunden", schreibt eine Urlauberin, die Morsum zu Beginn der 1950-er Jahre besucht. „Über 50 Prozent der Schülerzahl stammt aus Pommern, Ostpreußen und Schlesien. Neben blonden Friesenkindern sehen wir auf dem kleinen Schulhof dunkeläugige Flüchtlingsjugend. Die Dialekte schwirren nur so durcheinander." Die Kinder sind es auch, die sich am besten einleben. Schon bald haben sie vergessen, woher sie einst kamen. Sie sind jetzt Sylter.

STURMFLUTEN

„SO SCHRIEEN SIE GOTT UM HILFE AN"

Das Meer ist für die Sylter ein Segen – erst brachte es ihnen Nahrung durch Fischfang, dann einen ersten Wohlstand dank der Fangfahrten auf Wale und schließlich lockte es die Touristen auf die Insel. Doch das Meer ist auch ein Fluch für die Sylter – immer dann, wenn eine schwere Sturmflut wütet, die den Sand raubt, Hab und Gut vernichtet, Menschenleben fordert. Zwar kann man diesen Katastrophen heute durch einen aufwändigen Küstenschutz weitgehend Einhalt gebieten, doch der „Blanke Hans" bleibt ein unberechenbarer Gegner.

Furchtbare Folgen hatten die schweren Sturmfluten früherer Jahrhunderte. Von Deichen ungeschützt, fraß sich das Meer tief ins Land hinein. Anno 1219 sollen an der Nordseeküste 40.000 Menschen umgekommen sein, an die 50.000 waren es 1287, und bei einer gewaltigen Sturmflut im Jahre 1362 sollen gar 100.000 Tote beklagt worden sein.

Erste sehr konkrete Berichte von den Folgen einer Sturmflut für Sylt datieren aus dem Jahre 1634: „Am 11. Oktober hat sich ein ungeheurer Sturmwind aus Südwesten erhoben und so übel gehaust, dass er nicht nur Häuser abgedeckt, sondern auch unzählig viele von ihnen hinweg genommen hat. Deiche wurden zerrissen, viele Menschen und Vieh ersäuft und solcher Schaden getan, dass es gar nicht zu beschreiben. Viele wurden vom Wasser in ihrem Bette weg getrieben, andere banden sich und ihre Weiber und Kinder mit Stricken aneinander, so dass also auch die grausamen Wellen sie nicht trennen mochten. So schrieen sie Gott um Hilfe und Errettung an. Und nach dem Sturm hat es allenthalben ein jämmerliches Ansehen gegeben, wie unzählig viele Leute tot herum getrieben, zwischen Kisten, Betten und Hausrat." Ähnliches vermerkte 1634 der Morsumer Küster Muchel Madis: „Es ist eine erschreckliche Wasserflut gewesen wie in hundert Jahren nicht ihresgleichen. In Morsum sind auch welche ertränkt in Peter Andersens Haus, sieben Menschen jung und alt. Nämlich Peter Andersen und seine Frau, auch seines Sohnes Frau und vier Kinder. Peter Andersens Behausung wurde grausig vernichtet, und auch andere Häuser sind umgefallen und weg getrieben."

„DIE INSEL ERZITTERTE IN IHREN GRUNDFESTEN"

Zu den drei schwersten Sturmfluten der Neuzeit zählt die des Jahres 1962. Besonders schlimm trifft es Hamburg, wo in der Nacht vom 16. auf den 17. Februar 315 Menschen sterben. Auf Sylt steigt das Wasser knapp vier Meter höher als das mittlere Hochwasser und bricht sich seine Bahn. Die „Sylter Rundschau" protokolliert die Geschehnisse: „Die gestrige Sturmflut ließ die Insel in ihren Grundfesten erzittern. Gewaltige Wassermassen strömten durch mehrere Strandüber-

Nach der Sturmflut 1962: Verwüstete Arkaden an der Westerländer Promenade

gänge ungehindert in Westerlands Straßen. Im Norden Westerlands stürzte ein Wehrmachtsbunker ins Meer. Auf der Promenade wurde das Geländer, als bestünde es aus Streichhölzern, durch die Luft gewirbelt, ähnlich erging es den dort stehenden Ruhebänken. In Hörnum bahnte sich das Wasser zwei breite Wege durch die Dünen bis zur Hauptstraße. Einige Häuser waren gänzlich von Wassermassen umgeben, das Lokal „Wassermann" fiel wie ein Kartenhaus in sich zusammen, das daneben befindliche Restaurant „Kiek ut" droht jeden Moment über die steile Kante in die Tiefe zu stürzen."

„Im benachbarten Rantum", so die Zeitung weiter, „standen die Erdgeschosse mehrerer Häuser an der Wattseite einen halben Meter unter Wasser, in die Dächer der Rantumer Kasernenanlage wurden zahlreiche Löcher gerissen. Die Kampener Vogelkoje stand eineinhalb Meter unter Wasser, ein Mann und sein Sohn suchten dort Schutz auf einem Dach und wurden erst heute früh völlig erschöpft mit einem Floß gerettet. Im Sylter Osten reichte das Wasser bis zum Bahndamm heran. Der Hindenburgdamm wurde an drei Stellen so stark beschädigt, dass der Zugverkehr noch immer eingestellt ist."

TAUSENDE URLAUBER SITZEN FEST

Die zweite schwere Katastrophe jüngeren Datums nimmt am 3. Januar 1976 ihren Lauf. Ein Sturmtief aus Island fegt mit bis zu 170 Stundenkilometern über Sylt hinweg, durch eine Springflut steigen die Wasserstände auf knapp vier Meter an. Der Zugverkehr wird eingestellt, Tausende von Silvesterurlaubern stehen im Stau. Das Wasser überspült die Landstraße zwischen Kampen und List, in Wenningstedt und Kampen bröckeln die

Kliffe, zwischen Rantum und Hörnum frisst der „Blanke Hans" 30 Meter Dünen, im Osten droht der Nösse-Deich zu brechen. Für die Männer des in List stationierten Seenotrettungskreuzers scheint der Tag 48 Stunden zu haben – auf hoher See werden die Besatzungen von 19 Schiffen gerettet. In List schließlich setzen ausgerechnet an diesem Tag bei zwei hochschwangeren Frauen die Wehen ein. Dank eines Spezialfahrzeugs der Bundeswehr kann die überflutete Straße passiert werden und die werdenden Mütter treffen rechtzeitig zur Entbindung in der Westerländer Nordseeklinik ein. Moderator Werner Höfer sitzt derweil in Kampen fest. Zum ersten Mal muss er das populäre TV-Magazin „Der internationale Frühschoppen" via Telefon moderieren.

BRICHT DER NÖSSE-DEICH?

Die dritte nachhaltige Sturmflut bringt einen unerfreulichen Rekord: Mit 4,05 Metern über dem normalen Hochwasser werden in Hörnum und List am 24. November 1981 die höchsten Pegelstände des Jahrhunderts gemessen. Wieder einmal sind die Folgen fatal: Der Orkan, der in Böen Stärke 14 erreicht, treibt das Meer bis zu 25 Meter tief in die Dünen hinein. Die Straßen nach List, Hörnum und Morsum sind nun nicht mehr passierbar. Doch viel schlimmer ist: Im Sylter Osten droht der Nösse-Deich zu brechen.

Tief fraß sich das Meer 1981 ins Wenningstedter Kliff und riss die Promenade in die Tiefe

Über den Rundfunk werden die Bewohner von Morsum und Archsum alarmiert, sich für eine Evakuierung bereit zu halten. Es ist High Noon am Nösse-Deich, an diesem Tag um 12 Uhr mittags. An mehreren Stellen schwappt das Wasser bereits über den seinerzeit knapp sechs Meter hohen Schutzwall. Feuerwehrmänner und Soldaten leisten Knochenarbeit, stützen den durchweichten Deich mit Hunderten von Sandsäcken. Schon droht der Deich an mehreren Stellen zu brechen, sackt die Böschung ab, da sinkt der Pegel endlich. „Hätte das Hochwasser eine Viertelstunde länger angehalten, wäre es zu spät gewesen", sagt der Deichvorsteher später.

Auch in der jüngsten Zeit setzten Sturmfluten der Insel schwer zu. Hier eine Aufnahme vom November 2007: Schwere Brecher schlagen gegen die Hörnumer Küste

WEITERE NATURKATASTROPHEN

SYLT VERSINKT IM SCHNEE

Nein, so ungemütlich hatten sich die Sylt-Urlauber den Jahreswechsel wahrlich nicht vorgestellt. Es schüttet wie aus Eimern an diesem 29. Dezember 1978, doch es soll noch viel schlimmer kommen. Im Laufe des Tages sinkt der Thermometerstand auf minus zehn Grad, und der Regen verwandelt sich in ein dichtes Schneetreiben, das nicht mehr enden will. Damit nicht genug, pfeift auch noch ein kräftiger Sturm über die Insel und türmt den Schnee bald zu meterhohen Verwehungen auf. Am nächsten Morgen ist das Chaos perfekt: Die Straßenverbindungen nach Archsum und Morsum sind abgeschnitten, zeitweilig ebenso nach List und Hörnum. Unzählige Fahrzeuge sind in Schneewehen stecken geblieben oder in die Straßengräben gerutscht. „Schneeketten, Abschleppseile und Schneeschaufeln sind ausverkauft", vermeldet die „Sylter Rundschau" in einer Notausgabe. Außerhalb der Ortschaften gilt ein Fahrverbot – doch wo sollen die Sylter Gäste auch hin? Der Zugverkehr über den Damm ist eingestellt, 6000 Urlauber sitzen auf der Insel fest. Andere kamen erst gar nicht bis Sylt – in Husum beziehen 400 Reisende ein Notquartier in der Berufsschule.

Die Lage auf Sylt ist angespannt, aber auf dem Festland ist sie noch weitaus fataler. 15.000 Hilfskräfte sind landesweit im Einsatz. In vielen Orten ist der Strom ausgefallen – wohl dem, der einen Ofen hat. In den Ställen erfriert das Vieh, Panzer der Bundeswehr bahnen sich einen Weg, um die Bevölkerung mit Lebensmitteln zu versorgen. Autofahrer müssen auf freier Strecke stundenlang in ihren Fahrzeugen ausharren, mehrere Menschen erfrieren im Freien. In Husum fällt ein zweijähriges Kind von seinem Schlitten und gerät unter ein Kettenfahrzeug der Bundeswehr. Es ist nicht mehr zu retten.

Endlich ist das Schlimmste überstanden. Doch kaum hat sich das Leben normalisiert, gehen am 13. Februar 1979 – noch immer liegen überall hohe Schneeberge, es hat bislang nicht getaut – abermals schwere Schneeschauer über Nordfriesland nieder. Erneut spricht der Landrat ein Fahrverbot außerhalb von Ortschaften aus. Der Zugverkehr nach Sylt wird eingestellt, in Niebüll richtet man eilig Notquartiere für gestrandete Reisende ein. Dann endlich ist der Spuk vorbei. Wohl noch nie haben sich die Nordfriesen so auf einen Frühling wie den des Jahres 1979 gefreut.

SINTFLUT AUF SYLT

Land unter im Westerländer Kirchenweg:
Während Autofahrer ihre Wagen eilig verlassen müssen…

Starke Schneefälle sind auf Sylt eher die Ausnahme – Wolkenbrüche kommen schon häufiger vor, und das zumeist aus heiterem Himmel mitten im Hochsommer. 18. August 1985: Lang anhaltende Gewitterregen setzen weite Teile von Westerland, Wenningstedt und Kampen unter Wasser. Unzählige Keller laufen voll. Die Sylter Feuerwehren alleine kommen gegen die Sintflut nicht mehr an – auf einem Autozug naht Verstärkung vom Festland. 17. August 1990: In Westerland steht das Wasser auf einigen Straßen bald einen halben Meter hoch. Autos bleiben plötzlich stehen, die Fahrer waten mit hochgekrempelten Hosen ins Trockene. 29. Juli 1998: Um 20.30 Uhr laufen in Westerland die ersten Keller voll. In der Innenstadt werden gefährdete Geschäfte mit Hunderten von Sandsäcken verbarrikadiert. Mehrere Straßen sind für den Verkehr gesperrt – der Druck der Wassermassen stemmt sogar die Gullideckel hoch. Im benachbarten Tinnum spült der Starkregen auf dem Campingplatz mehrere Vorzelte weg und durchnässt eine Tennishalle. 29. Juli 2005: Der Himmel über Sylt verdunkelt sich am Vormittag so stark, dass die Straßenlaternen angeschaltet werden. Wieder stehen Keller und Straßen unter Wasser, in einem unterirdischen Westerländer Parkhaus klettert der Pegel auf fast einen Meter. Obwohl Wasser ihr Element ist, sind diese Auswüchse denn auch den Windsurfern zuviel des Guten: Die Teilnehmer der „Deutschen Surf-Meisterschaft" bleiben an diesem Tag an Land.

…machen junge Männer aus der Not eine Tugend und erproben sich im spritzigen Golfen

Am 3. August 2008 droht neues Ungemach. Es ist 19.45 Uhr, als der Himmel über Westerland seine Schleusen öffnet und sie nicht mehr schließen will. In der tiefliegenden Kjeirstraße sind es zunächst nur Pfützen, die sich auf der Fahrbahn bilden. Aus Pfützen werden kleine Seen, die sich schließlich zu einer einzigen Wasserwüste vereinen: Um 21.15 Uhr sind die Übergänge zwischen Straße und Bürgersteigen im Sinne des Wortes fließend. Passanten ziehen die Schuhe aus und krempeln die Hosen hoch, Autos schieben Bugwellen vor sich her. Um 21.30 Uhr erwischt es dann den ersten: Ein „Mini Cooper" kapituliert mitten auf der Kreuzung. Eine gute Viertelstunde harrt der Fahrer aus, dann spielen ein paar junge Männer Samariter und schieben den Wagen auf sicheren Boden. Im Minutentakt bleiben weitere Autos im Hochwasser stecken.

Derweil kämpft der Inhaber eines Antiquitätengeschäfts gegen Windmühlenflügel. Notdürftig hat er den Eingang zu seinem Laden verbarrikadiert und schippt mit einem Eimer unermüdlich das Wasser hinaus, das bereits über den Teppich des Ladens läuft. „Eine derartige Situation habe ich bestimmt schon fünf Mal erlebt, aber so schlimm war es noch nie." Der Regen prasselt unaufhörlich weiter. Langsam verwandelt sich die Kjeirstraße in eine Kloake: Etliche Mülltonnen sind umgestürzt, ihr unappetitlicher Inhalt treibt nun wie Strandgut umher. 22 Uhr: Die Sintflut hat schlagartig ein Ende. Langsam läuft das Wasser durch die ausgelaugten Gullis ab.

UNTER HOCHSPANNUNG

Grollend ziehen sie gelegentlich und deutlich seltener als auf dem Festland über die Insel: Gewitter. Wenn sich die 100 Millionen Volt eines Blitzes dabei an der falschen Stelle entladen, sind Leib und Leben in höchster Gefahr. Im Juli 2005 erschlägt ein Blitz in Morsum eine Kuh. Nur einen Monat später rumort es am Himmel erneut. Auf dem Fliegerhorst werden vier Soldaten vom Blitz getroffen, alle überleben. Ein weiterer Blitzschlag legt in der Polizeistation Westerland die Telefonleitung lahm.

Tragischer endete ein anderer Vorfall im September 1997: Es sollte nur ein kurzer Spaziergang werden – einmal in die Dünen und zurück. Doch für einen 57-jährigen Sylter und seinen Mischlingshund wurde es der Weg in den Tod: Beide wurden unterwegs von einem Blitz getroffen. Andere Spaziergänger alarmierten den Notarzt, doch jede Hilfe kam zu spät. Die Polizei vermutete im übrigen, dass nur eines der beiden Opfer vom Blitz getroffen wurde und sich der Strom über die Leine zum anderen übertrug.

DER JAHRHUNDERTSTURM

„Als wäre ein Hurrikan über eine amerikanische Kleinstadt gewalzt", befand Westerlands Bürgermeisterin Petra Reiber am Tag eins nach „Anatol". Wie ein hungriger Wolf war der Orkan über Sylt hergefallen, an diesem denkwürdigen 3. Dezember 1999. Bereits am Mittag hatte sich das Übel zusammengebraut. Am frühen Abend sind die Windstärken bei fast 200 km/h dann kaum noch messbar. Auf dem Festland hebt „Anatol" eine Strom-Freileitung aus den Angeln, die Sylter sitzen im Dunkeln. Kein Mensch wagt sich vor die Tür, nur die Sylter Feuerwehrleute leisten Schwerstarbeit: 400 Einsätze fordern sie bis zur Erschöpfung.

In Keitum entwurzelte „Anatol" einen Baum, der ein geparktes Auto unter sich begrub

Der Tag eins nach „Anatol" – eine Insel leckt ihre Wunden. Am Morgen sind die Menschen aus ihren Häusern gekommen, blicken ungläubig auf ein Feld der Verwüstung. Der Orkan hat am Vorabend ganze Dächer abgehoben, Autos unter Bäumen begraben, Wohnwagen auf die Seite geworfen und Verkehrsschilder wie Streichhölzer umgeknickt. Am Tag danach hat sich der Sturm in eine laue Brise, der rasende Wolf in ein zahmes Lamm verwandelt. Schon im Morgengrauen beginnen die Aufräumarbeiten. Gemeindearbeiter schleppen zersplitterte Baumstämme und Äste von den Straßen und Wegen, an vielen Häusern lehnen Leitern – die Besitzer bessern notdürftig die Löcher aus, die ihnen der Sturm in die Dächer genagt hat.

Im Westerländer Kurzentrum blickt ein Ehepaar aus dem glaslosen Fenster seiner Ferienwohnung. Dachplatten des Nachbarhauses haben die Scheibe in tausend Splitter zerschlagen. „Das Telefon steht nicht mehr still – über 60 Kunden haben bereits Schäden gemeldet", ächzt ein Sylter Versicherungsmakler. Ein teurer Tag für seine Branche: Die Gebäudeschäden summieren sich auf 20 Millionen Mark.

Der 3. Dezember 1999 – ein dunkler Tag für das sonnige Eiland. Am frühen Abend wird Katastrophenalarm ausgelöst, der Rundfunk meldet: „Die Sylter sollten ihre Häuser nicht mehr verlassen." Zur selben Zeit fährt ein Polizeibeamter mit seinem Streifenwagen durch das Westerländer Kurzentrum. „Verlassen Sie sofort diesen Bereich", warnt er Passanten über das Megafon. Für einige kommt die Warnung zu spät: Sie retten sich in Geschäfte oder werden zum Spielball des Sturms: Acht Verletzte gibt es in dieser Nacht – Knochenbrüche und Kopfverletzungen sind die Folge von Stürzen oder herum wirbelnden Gegenständen. Doch nicht jeder zeigt sich einsichtig: Eine Frau wundert sich, als ihr der Polizeibeamte zuwinkt. „Ich will doch nur eben schnell zum Blumenladen."

Andere erleben ein Horrorszenario auf dem Hindenburgdamm. Am Nachmittag war ein Autozug gen Sylt planmäßig von Niebüll abgefahren. Doch statt der 40-minütigen Überfahrt erlebten die Reisenden eine sechseinhalbstündige Odyssee. Kurz vor dem Damm hatte der Orkan die Notbremse ausgelöst und blockiert. Eine Sylterin erinnert sich mit Schaudern: „Es war stockdunkel, der Sturm rüttelte an dem Zug – und die Zeit verstrich." Erst nach vier Stunden setzte sich der Autozug zaghaft in Bewegung und rollte im Schritttempo über den Damm. „Die Gischt schlug bis an die Autos heran."

An der Sylter Küste hat die Nacht tiefe Narben hinterlassen: Die Strände sind völlig ausgeräumt, Kliffe und Randdünen abgerissen, Strandtreppen zerschlagen. Auf der Insel hat

„Anatol" zehn Hektar Waldfläche dem Erdboden gleichgemacht. Die entwurzelten Bäume werden nach und nach abtransportiert – sie füllen 60 mal eine Lkw-Ladefläche.

Auch dieses Uhrkonstrukt an der Westerländer Promenade legte der Jahrhundertsturm flach

Unselige Urlaubstage

Hals- und Beinbruch

Was sich am 7. April 1998 im Wattenmeer vor Rantum ereignete, das mutet zwar wie ein verspäteter Aprilscherz an, stellte aber sachlich korrekt eine Verkettung höchst unglücklicher Umstände dar: Zwei Urlauber hatten an jenem Tag einen Spaziergang durchs Watt unternommen. Unterwegs rutschte die Frau im Schlick aus und brach sich dabei ein Bein. Als ihr der Ehemann zur Hilfe kommen wollte, stürzte er ebenfalls und brach sich einen Arm. Ein anderer Spaziergänger alarmierte daraufhin das Deutsche Rote Kreuz, das umgehend einen Rettungswagen entsandte. Der jedoch musste kurz vor der Unglücksstelle kapitulieren, da sich das Fahrzeug trotz Allradantriebs im weichen Schlickboden fest gefahren hatte. Als nächstes rückte ein Tanklöschfahrzeug der Rantumer Feuerwehr an, um den Krankenwagen aus dem Watt zu ziehen. Was passierte? Auch dieses Fahrzeug fuhr sich fest. Nächster Akt: Ein Traktor der Kurverwaltung wurde angefordert und – raten Sie mal – blieb ebenfalls stecken. Erst mit Seilwinden und der Hilfe eines Baggers konnten alle Fahrzeuge aus der misslichen Lage befreit werden. Fünf Stunden hatte die gesamte Rettungsaktion schließlich gedauert.

Epilog: Die beiden Patienten waren den Umständen entsprechend wohlauf. Bös gelitten hatte durch den regen Verkehr jedoch der Rantumer Binnendeich. „Da sieht's jetzt aus wie auf einem Panzerübungsgelände", unkte der Kurdirektor.

Hüfthoch im Schlick

Das Wattenmeer zählt zu den faszinierendsten Sylter Landschaftsformen. Doch es ist tückisch. Schon manches Mal schnitt die einsetzende Flut Wattwanderern den Rückweg ab – für einige kam jede Rettung zu spät. Glück hingegen hatten im September 2003 zwei junge Urlauber, die sich zu weit in die Keitumer Bucht hinaus gewagt hatten. Gäste eines Restaurants beobachteten durch ein Fernglas, wie die beiden Wattwanderer einen Kilometer vor der Küste bis zu den Hüften im Schlick versanken. 15 Feuerwehrmänner und ein Arzt stiefelten vorsichtig zu dem hilflosen Paar und konnten dieses nach einer Stunde zitternd, aber wohlbehalten ans sichere Ufer geleiten.

„Die beiden waren unwissend und leichtsinnig", schüttelte der Keitumer Wehrführer den Kopf. Die junge Frau, eine Studentin, hatte ihm den Grund für den riskanten Ausflug genannt: Sie habe dem Watt einige Bodenproben entnehmen wollen.

TÜCKISCHER SAND

1996 ereignete sich am Hörnumer Strand ein tragisches Unglück: Ein Junge hatte im Sand einen Tunnel gebaut, der über ihm zusammenstürzte. Das Kind konnte nur noch tot geboren werden. Einige Jahre später drohte sich dieser Vorfall zu wiederholen: Diesmal hatte im September 1999 ein 14-Jähriger am Lister Strand gemeinsam mit zwei Freunden einen halben Meter tiefen Tunnel gegraben und wurde darin verschüttet. Für den Teenager aus Herne kam die Hilfe in letzter Minute: Den Mund voller Sand und bereits bewusstlos, konnte ein Notarzt das Schlimmste gerade noch verhindern.

GEWAGTER SPRUNG

Ihre Unvorsichtigkeit musste eine Sylt-Urlauberin aus Dassendorf bei Hamburg im Februar 2000 teuer bezahlen: Die 45-Jährige hatte gemeinsam mit Mann und Tochter am Kampener Kliff einen Spaziergang unternommen und wollte vom Kliff hinunter zum Strand gelangen. Statt jedoch den offiziellen, 300 Meter entfernten Übergang zu benutzen, suchte sich die Frau eine gefährliche Abkürzung aus: Den direkten Weg über den Kliffabhang.

Bei einem Sprung von Kliffkante knickte die Frau um und blieb mit einem gebrochenen Bein auf einem Vorsprung liegen. Ihr Ehemann alarmierte per Handy Rettungsdienst und Feuerwehr. Über eine Leiter wurde die Frau behutsam auf einer Trage nach oben befördert und anschließend ins Krankenhaus eingeliefert, wo ein offener, komplizierter Beinbruch diagnostiziert wurde. Für den Kampener Wehrführer war der Vorfall unverständlich: „Nachdem die Stürme der vergangenen Wochen große Teile des Kliffs abgebrochen hatten, haben wir extra Absperrungen und Warnschilder aufgestellt. Doch selbst bei der Bergungsaktion kümmerten sich die Schaulustigen nicht darum und wagten sich bis zur Kliffkante vor."

Weil eine Urlauberin eine tückische Abkürzung wählte, musste die Feuerwehr zur Bergung ausrücken

EIN FALL MIT FOLGEN

Sie wollten nur die Aussicht und die Abendsonne genießen – doch die vermeintliche Idylle endete für zwei Gäste aus Cloppenburg fatal: Am frühen Abend eines milden Juni-Tages im Jahr 1997 hatte es sich das Ehepaar auf dem Balkon seiner im ersten Stock gelegenen Wenningstedter Ferienwohnung gerade bequem gemacht, als der Balkon plötzlich aus der Verankerung brach und in die Tiefe stürzte. Ein Fall mit schweren Folgen: Während die 55-jährige Frau in die Westerländer Klinik eingeliefert wurde, waren die Kopf- und Brustverletzungen bei ihrem 58-jährigen Mann so schwer, dass er mit dem Rettungshubschrauber in ein Krankenhaus auf dem Festland ausgeflogen werden musste. Der Tag danach: Die Polizei hat den Garten des roten Backsteinhauses im Ortszentrum mit rot-weißem Flatterband abgesperrt. Der sechs Quadratmeter große Balkon ist beim Absturz in zwei Teile gebrochen; eine Stein-

Der ramponierte Balkon
nach dem Absturz

platte hängt noch in drei Metern Höhe über dem Efeu am Mauerwerk, während die andere Platte neben zersplitterten Backsteinen im Gras liegt. Die dicke Rostkruste auf dem Rahmen der Brüstung spricht für sich: Materialverschleiß war die Ursache des Unglücks.

ERST ZERSTREUT – DANN BEREUT

Kaum hatte im Oktober 1990 für ein Ehepaar aus Köln der ersehnte Sylt-Urlaub begonnen, da war es mit der guten Laune auch schon abrupt vorbei: Die Gäste hatten ihren Wagen in der Tiefgarage des Westerländer Kurzentrums geparkt, das Gepäck zum Fahrstuhl gebracht und ihr Appartement bezogen. Erst dann stellten sie fest, dass sie eine Tasche vor dem Fahrstuhl in der Tiefgarage hatten stehen lassen. Zu spät: Ein Unbekannter hatte das Gepäckstück bereits entwendet – und damit lohnende Beute gemacht: In der Tasche befanden sich Geld und Schmuck im Wert von mehr als 30.000 Mark.

43 BANGE STUNDEN

Schier unglaubliches Glück im Unglück hatte eine 85-jährige Hamburgerin im September 2001: Die alte Dame war in ihrem Appartement in Keitum gestürzt und wurde erst nach 43 Stunden vom Hausverwalter aufgefunden. Durch einen Schulterbruch war die Frau bewegungsunfähig, überlebte dennoch fast zwei Tage und Nächte ohne Nahrung und Getränke. Eine Bekannte, die mit der Frau verabredet war, wandte sich schließlich besorgt an den Hausverwalter. Dieser fand die betagte Dame im Flur auf. Ihre ersten Sätze: „Tragen Sie mich doch bitte nur ins Bett. Ein Arzt tut nicht nötig." Die Frau, die sofort in die Klinik eingeliefert wurde, überstand den dramatischen Zwischenfall ohne gesundheitliche Folgen.

AUS HEITEREM HIMMEL

Das kleine Mädchen hatte keine Chance, denn das Unheil näherte sich aus heiterem Himmel. Es war ein sonniger Augusttag im Jahre 1995, als die Achtjährige mit ihren Eltern einen Strandübergang im Süden Westerlands überquerte. Zur selben Zeit ließ ein Musiker des Kurorchesters ein 2,50 Meter großes Modellflugzeug aufsteigen. Doch wenig später verlor der Mann die Kontrolle über das Fluggerät, das ins Trudeln geriet und auf die junge Urlauberin aus Lemgo stürzte. Jetzt zählte jede Minute: Nur durch eine sofortige Operation konnten die Ärzte im Krankenhaus eine Beinamputation verhindern.

Drei Jahre später erfuhr der Unfall ein gerichtliches Nachspiel: Das Schleswig-Holsteinische Oberlandesgericht verurteilte die Stadt Westerland zu einer Zahlung von 10.000 Mark Schmerzensgeld. Damit strafte die Kammer die mangelnde Aufsichtspflicht des Westerländer Kurbetriebs: Das Modellfliegen war in diesem Strandbereich untersagt.

Außer Kontrolle: Eine junge Urlauberin wurde durch ein Modellflugzeug schwer verletzt

SEKUNDENTOD BEIM STRANDSEGELN

Im Jahre 1978 endet ein Urlaub auf Sylt für Gerhard Falk ebenso abrupt wie fatal. Eigentlich wollte Europas größter Verleger von Stadtplänen, seit Jahren Stammgast auf der Insel, an jenem Septembertag mit seiner Frau nur ein wenig am Kampener Strand spazieren gehen. Doch dann sieht er Strandsegler über die sandige Piste sausen. Der durchtrainierte, breitschultrige Mann liebt diese Sportart und kann nicht widerstehen. Eine halbe Stunde später knattert auch sein blau-rotes Segel im Wind. Gerhard Falk hat gerade die ersten gekonnten Manöver absolviert, als er während einer Kurvenfahrt in sich zusammensackt. Rettungsschwimmer hören die Hilferufe seiner Frau und eilen herbei. Doch jede Hilfe kommt zu spät. Gerhard Falk, der unter anderem viel Geld für den Erhalt der historischen Sylter Grabhügel spendete, verstirbt im Alter von erst 56 Jahren an einem Herzinfarkt.

FUNSPORT FATAL

Sie wollen hoch hinaus: Vor der Sylter Küste sprinten im Sommer die Kitesurfer über die Wellen. Auf dem Surfboard händeln sie dabei einen Gleitschirm in luftiger Höhe. Der Auftrieb des Schirms erlaubt dem Surfer gewaltige Sprünge über das Wasser – mit immensen Weiten von bis zu hundert Metern. Doch das rasante Vergnügen ist zumal für Anfänger nicht ungefährlich. Im Mai 2007 wurde ein Kitesurfer in der Sylter Brandung durch eine heftige Windböe von seinem Gleitschirm ungewollt in die Luft gehoben und zum Strand getragen, wo er aus drei Metern Höhe abstürzte und mehrfach auf den Boden prallte. Nach der medizinischen Erstversorgung wurde der junge Mann mit Verdacht auf eine Wirbelfraktur in ein Krankenhaus nach Flensburg ausgeflogen.

Wer hoch springt, kann tief fallen:
Kitesurfer in Aktion

SURFENDER SENIOR

Ein Ausflugsschiff als Rettungsboot? Auch das kommt vor Sylt schon mal vor. So musste ein von Hörnum ausgelaufenes Schiff einen unplanmäßigen Stop einlegen, weil im Wasser ein völlig entkräfteter Windsurfer trieb. Offensichtlich schützt Alter tatsächlich vor Torheit nicht: Der leichtsinnige Surfer, der sich bei stürmischem Wetter auf die Nordsee gewagt hatte, zählte bereits 72 Lenze.

DIE ANKUNFT VERSPÄTET SICH

Ob zu Wasser, auf der Schiene oder in der Luft – Verkehrsmittel haben gelegentlich ihre Tücken, wie schon mancher Sylt-Urlauber leidvoll erfahren musste. Beispiel Flugzeug: Im August 2007 unternahmen 140 Passagiere an Bord einer „Boeing 737" aus Stuttgart einen unfreiwilligen Rundflug über die Insel Sylt. Grund: Weil der diensthabende Lotse plötzlich erkrankt war, blieb der Tower zeitweilig unbesetzt. Nachdem die Maschine eine halbe Stunde am Himmel gekreist war, fand sich personeller Ersatz. Die Landung verlief glatt.

Widrige Umstände haben Schiffstörns vor Sylt bisweilen vorzeitiger beendet als geplant

Beispiel Bahn: Kollisionen mit Autos an Bahnübergängen, frei laufende Rinder auf den Schienen oder Böschungsbrände – vielfältig waren in der Vergangenheit die Ursachen für verzögerte Reisen von und nach Sylt. Im April 2006 gar sprang ein Zug bei der Ausfahrt aus dem Bahnhof Meldorf gleich ganz aus den Gleisen, die Bahnstrecke Hamburg-Westerland musste für zwölf Stunden vollständig gesperrt werden. Erst am nächsten Morgen wurde die Strecke an der Unfallstelle eingleisig wieder freigegeben. Die 90 Passagiere des betroffenen Zuges mussten ihre Reise mit dem Bus fortsetzen, verletzt wurde niemand.

Beispiel Schiff: Eine kleine Kreuzfahrt während des Sylt-Urlaubs steht bei Gästen hoch im Kurs. Doch manchmal dauert der Ausflug etwas länger. Im Oktober 2007 etwa brach südlich von Hörnum auf einem Ausflugsschiff ein Brand im Maschinenraum aus. Während die Passagiere von einem anderen Schiff aufgenommen wurden, konnte die Besatzung das Feuer löschen, ein Rettungskreuzer schleppte das Schiff in den Hörnumer Hafen.

Doch nicht nur Feuer, sondern auch Wasser kann ein Schiff bedrohen – vor allem dann, wenn es plötzlich fehlt. Besonderen Respekt haben die Kapitäne vor einer Passage zwischen Sylt und den Halligen. Bei einsetzender Ebbe treten dort starke Strömungen auf und das Wasser fällt sehr schnell. Wenn man nicht aufpasst, sitzt man mit dem Schiff unweigerlich auf dem Trockenen und muss die nächste Flut abwarten. 1984 beispielsweise musste ein Muschelkutter die 150 Passagiere eines Ausflugsschiffes übernehmen. Der Kapitän verbrachte bis zur nächsten Flut eine einsame Nacht an Bord. Im März 2005 saß ein anderes Schiff vor List fest – ein Rettungskreuzer brachte die 85 Urlauber wieder sicher an Land. Im Juli 2005 fuhr ein Ausflugsschiff südlich von Hörnum auf Grund. Die 289 Passagiere wurden von einem Fischkutter und einem Rettungskreuzer evakuiert.

Gesucht und gefunden

Der Brillant im Sand

Kaum war im Jahre 1950 ein Mann aus dem Sommerurlaub von Sylt heim gekehrt, erwartete ihn ein handfester Familienstreit: Der Unglücksrabe hatte am Strand einen zu einer Erbschaft gehörenden Brillantring verloren und diesen tagelang vergeblich gesucht. Allein: Die argwöhnische Verwandtschaft zweifelte seine Ausführungen an, drohte gar mit einer Anzeige wegen Unterschlagung. Fast genau ein Jahr später wurde der Mann überraschend rehabilitiert: Beim Schaufeln einer Strandburg fand eine Krankenschwester den wertvollen Ring und lieferte ihn im Westerländer Fundbüro ab.

Nach dem Verlust eines kostbaren Brillantrings keimte ein böser Verdacht

Quartier gesucht

Als die Leser im Jahr 1960 die Sylter Tageszeitung aufschlagen, staunen sie nicht schlecht: In einer Anzeige sucht ein Urlauber sein Quartier. Wie es dazu kommen konnte? Der Gast aus Dortmund hatte am Abend seiner Anreise einen feuchtfröhlichen Zug um die Häuser unternommen. Was wohl einen totalen „Blackout" zur Folge hatte: Der Gute suchte seine Unterkunft jedenfalls vergebens und reiste schließlich entnervt ohne Gepäck wieder ab. Die Vermieterin bekam von der Anzeige nachträglich doch noch Wind – und schickte dem Unglücksraben seine Koffer hinterher.

Handy als Lebensretter

Eine groß angelegte Suchaktion hielt im Mai 2003 mehr als 50 Rettungskräfte auf Trab, die mit Unterstützung eines Hubschraubers Sylt absuchten. Ein 61-jähriger Mann aus dem nordrhein-westfälischen Wedel hatte daheim einen Abschiedsbrief hinterlassen und war verschwunden. Eine Handy-Peilung zu dem Vermissten führte die Kripo nach Sylt, wo sie den Lebensmüden dank Hinweisen aus der Bevölkerung noch rechtzeitig aufspüren konnte.

Ein Mann ist nicht zu fassen

Als „Ausbrecherkönig" sorgte er bundesweit für Schlagzeilen – auf Sylt ging er seinen Häschern schließlich ins Netz. Es war im Jahre 1968, als Alfred Lecki die erste Flucht gelang. In einem Berliner Gefängnis aufgrund von Einbrüchen und Diebstählen inhaftiert, konnte ihn die Polizei dingfest machen – allerdings nur für kurze Zeit: Mit einem Nachschlüssel gelang Lecki und einem Mitgefangenen die Flucht. Das Duo flüchtete nach Spanien und reiste gelegentlich nach Deutschland zurück, um Banken zu überfallen.

Im Juli 1970 erfolgte unter Mitwirkung des legendären „Superagenten" Werner Mauss die neuerliche Verhaftung Leckis in Marbella. Doch auch im dortigen Gefängnis hielt es diesen nicht lange: Er entwischte mit einem halsbrecherischen Sprung über die Gefängnismauer, wurde jedoch schnell wieder gefasst. Vier Monate später folgte die Verlegung nach Deutschland. Die neue Heimat hieß „Santa Fu", die berüchtigte Strafanstalt in Hamburg-Fuhlsbüttel. Ein Justizbeamter erinnerte sich: „Unter den Mitgefangenen genoss Lecki große Achtung. Er gehörte sozusagen zum Hochadel der Kriminellen in Deutschland."

1983: Inzwischen in die Strafanstalt Rheinbach bei Bonn verlegt, entkommt der Häftling bei einem Freigang in einem Kaufhaus seinem Betreuer. 14 Monate später wird er in Köln gestellt. 1986: Der letzte Akt. Nach einer Operation humpelt Lecki am Krückstock aus der Bonner Uniklinik; seinem Bewacher hat er zuvor ein Schlafmittel in den Tee gefüllt. Der Chirurg staunte: „So schnell kam nach einem solchen Eingriff noch nie ein Patient auf die Beine." Es folgt eine peinliche Pressekonferenz. Auf die Frage eines Journalisten, ob ihm Lecki persönlich bekannt sei, antwortet der zuständige Justizminister vieldeutig: „Ja, flüchtig…"

Das Weihnachtsfest 1986 will der entsprungene Sträfling auf Sylt verbringen. Dort hat seine Schwester ein Haus gemietet. Ein abgehörtes Telefonat bringt die Kripo auf die richtige Spur. Die Beamten stürmen das Ferienhaus, Lecki leistet keinerlei Widerstand. Acht weitere Jahre bleibt er inhaftiert, dann wird er vorzeitig entlassen. Im September 2000 stirbt der „Ausbrecherkönig" im Alter von 61 in Berlin an Herzversagen.

WO IST JULIA?

Diese ungewissen Stunden im Mai 1997 werden die Eltern eines 13-jährigen Mädchens in ihrem Leben wohl nie vergessen: Julia war zu einem Sommercamp nach Hörnum verreist – und verschwand auf der Fahrt scheinbar spurlos. Als sich das Mädchen bei seinen Eltern nicht wie abgesprochen telefonisch meldete, griffen diese selbst zum Hörer. In dem Sommercamp jedoch war die Gesuchte nicht angekommen.

Die Polizei löste eine bundesweite Fahndung aus, doch erst nach drei Tagen sollte der Albtraum für die verzweifelten Eltern ein Ende nehmen: Ihre Tochter war in Hörnum längst planmäßig eingetroffen – allerdings in einem anderen Camp. Die Teenagerin hatte den falschen Bus bestiegen und war bei der Ankunft nicht überprüft worden. Ahnungslos vergnügte sich das Mädchen beim Volleyball und anderen Freizeitaktivitäten, während ihre Eltern um sie bangten. Erst als ein aufmerksamer Betreuer im Radio die Vermisstenmeldung hörte, klärte sich der Vorfall auf.

EIN EINSAMES ENDE

Auch in früheren Zeiten gab es auf Sylt Vermisstenfälle. In Rantum etwa lebte im Jahre 1837 die 82-jährige Maiken Buhn. „In rüstigen Jahren war sie stark wie ein Mann gewesen und hatte keine Arbeit gescheut", notierte ein Chronist. „Inzwischen aber war ihr Rücken gekrümmt und sie hauste in einer einsamen Hütte im Norden Rantums. Der Sturm hatte das Dach und die Fensterscheiben durchlöchert, ihre Töpfe waren größtenteils zerbrochen und es war kaum noch Feuerung da. Maiken Buhn aber wollte der Armenkasse nicht zur Last fallen und blieb ihrem Vorsatz standhaft, hier sterben zu wollen: Am 7. Februar 1837 fand man sie tot und fast nackt in ihrer Behausung liegen."

Schon ein Jahr zuvor hatten besorgte Mitbürger in Rantum die Haustür eines Mannes aufgebrochen, der eine Woche lang nicht mehr gesehen wurde. „Da fand man ihn tot auf dem Stuhl sitzend mit seiner hungernden Katze."

SYLTER IN DER SKLAVEREI

Die Handelsschifffahrt führte die Sylter ab Mitte des 18. Jahrhunderts rund um die Welt. Zu ertrinken, das war ein Schicksal, das den Männern auf hoher See drohte. Ein anderes war die Sklaverei. Mancher Sylter musste die Reise im Sinne des Wortes teuer bezahlen. Vor allem in der Straße von Gibraltar lauerten Seeräuber, die Schiffe plünderten und die Mannschaften für gutes Geld in die Sklaverei verkauften. Die meisten Gefangenen sollten Heimat und Familie nie wieder sehen. Nur wenige hatten das Glück, freigekauft zu werden.

Verbürgt sind einige Fälle, in denen sich das Blatt doch noch zum Guten wendete. So konnte zum Beispiel Erk Geicken aus Westerland anno 1693 in Algier ausgelöst werden, nachdem Familie und Freunde für ihn gesammelt hatten: „Wir wollen unsere allseitige Kraft aufbringen, durch die Hilfe von Gott und guten Leuten die Befreiung von Erk Geicken zu bewirken, dies wollen wir bei Ehren geloben", so hatten es die Helfer in der Not sogar schriftlich aufgesetzt.

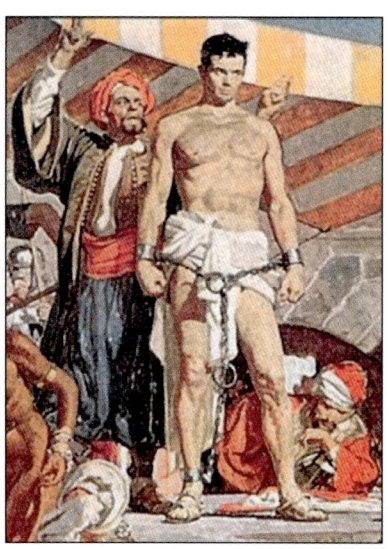

Für manche Sylter endete die Fahrt auf hoher See nicht in einem fernen Hafen, sondern in der Sklaverei

Glück hatte anno 1724 auch Andres Frödden aus Wenningstedt, den Seeräuber gefangen genommen hatten. Als er auf dem Sklavenmarkt feil geboten wurde, klopfte ihm plötzlich jemand auf die Schulter. Ein großer, bärtiger Mann blickte ihm ins Gesicht und fragte ihn zu seinem großen Erstaunen auf friesisch: „Best dü ek en Söl'ring?" („Bist Du auch ein Sylter?"). Ihm gegenüber stand Jens Baathen aus Archsum, der die mohammedanische Religion angenommen hatte und ein freier Mann war. Mit seiner Hilfe kehrte Andres Frödden bald in die Heimat zurück.

KURIOSE TRAGÖDIEN

DREI SIND EINER ZU VIEL

Nicht immer verlaufen die Urlaubstage auf Sylt so harmonisch, wie sich das die Beteiligten vorgestellt haben. Eine Wenningstedter Vermieterin erlebte im Jahre 1957 in ihrer Pension eine handfeste Eifersuchtstragödie: „Plötzlich stand ein hochgewachsener Mann vor mir. Er sei nonstop von Wien nach Sylt durchgefahren, um seine Verlobte zu treffen, die bei mir Quartier genommen hatte. Einige Zeit später gab es oben einen gewaltigen Lärm. Denn die Dame war nicht allein gekommen. Ich fand im Flur eine kreischende und mit Gepäck um sich werfende Verlobte vor. Sie rauschte an mir vorbei und schluchzte, dass sie ins Wasser gehen werde. Ich hoffte auf Ebbe und legte mich ins Bett, nachdem ich mir einen guten Cognac gegönnt hatte. Am nächsten Morgen waren die Gäste vom Wahn der Nacht befreit. Verlobter, die nicht ertrunkene Verlobte und deren Liebhaber saßen einträchtig beim Frühstück beisammen."

HANDSCHELLEN ZUR BEGRÜSSUNG

Darüber konnte ein Sylt-Urlauber im Jahre 1959 gar nicht lachen: Kaum hatte der 46-jährige Hamburger nach seiner Ankunft in Westerland das Hotel betreten, in dem er zuvor telefonisch ein Zimmer reserviert hatte, klickten die Handschellen. Polizisten machten den vermeintlichen Bankräuber dingfest – hatte der Hotelportier doch geglaubt, den neuen Gast erst kurz zuvor auf einem Fahndungsfoto gesehen zu haben. Zwar klärte sich der Irrtum schnell auf, doch für den Mann war die Urlaubsstimmung restlos im Eimer: Er reiste wutentbrannt mit dem nächsten Zug ab.

EIN GRAUSIGER FUND?

Nicht immer sind die Dinge so, wie sie scheinen. Das war zum Glück auch bei einem gar grausigen Fund der Fall, der sich in den 1980-er Jahren ausgerechnet in der Kampener „Whiskystraße" ereignete. Der Abschleppfahrer eines Sylter Autohauses erinnert sich: „Im Strönwai parkte über mehrere Tage ein VW-Bus, bis schließlich die Polizei informiert wurde. Diese wiederum bestellte mich und ich schleppte den VW-Bus ab – direkt zum Leichenschauhaus! Denn es schien so, dass sich im Fahrzeug zwei Tote befanden. Vom Festland reisten Spezialisten der Kripo an, öffneten den Bus vorsichtig und entdeckten – zwei modellierte Puppen."

54 Stunden in der Badewanne

Nicht nur sauber, sondern porentief rein wusch sich unfreiwillig eine 88-jährige Frau: Die alte Dame war im August 1988 morgens um 10 Uhr in die Badewanne ihrer Wohnung in Kampen gestiegen und konnte die Wanne dann nicht mehr aus eigener Kraft verlassen. Erst 54 Stunden später, also nach mehr als zwei Tagen und Nächten, konnte sie Nachbarn durch Hilferufe auf ihre prekäre Situation aufmerksam machen. Nachdem die Polizei die Wohnungstür aufgebrochen hatte, brachten Sanitäter die Seniorin ins Krankenhaus. Das Dauerbad überstand die alte Dame glücklicherweise unbeschadet.

Knall auf Fall

So hatte sich ein Gast, der nach dem Weihnachtsfest 1998 mit dem Autoreisezug in Westerland ankam, seinen Urlaubsbeginn nicht vorgestellt: Durch einen technischen Defekt schoben sich die Träger der hydraulischen Verladerampe zur Seite und ließen den Pkw zwei Meter in die Tiefe fallen. Der Autofahrer blieb unverletzt, die Feuerwehr hatte indes alle Mühe: Etwa eine Stunde dauerte es, bis das Fahrzeug unter Einsatz eines Kettenhebezugs aus der Klemme befreit wurde.

Mit einem Kettenhebezug befreite die Feuerwehr
die unfreiwillig „tiefer gelegte" Limousine

Katze als Brandstifterin

Eine Katze stand im August 1999 unter dringendem Tatverdacht, sich als Brandstifterin betätigt zu haben: Die Besitzerin des Tieres hatte ihre Wohnung in Archsum morgens verlassen und zuvor eine Zigarette im Aschenbecher ausgedrückt, den sie auf dem Bett stehen ließ. Wenig später alarmierten Nachbarn die Feuerwehr, bei deren Eintreffen das Bett bereits lichterloh in Flammen stand. Ein Übergreifen des Feuers auf die Wohnung konnte indes verhindert werden. Die Ermittlungen der Kripo führten zu dem Schluss, dass die Katze den Aschenbecher mit der noch glimmenden Kippe beim Spielen umgeworfen und so das Feuer entfacht hatte. Das sichtlich verängstigte Tier hatte beim Eintreffen der Feuerwehr schuldbewusst eiligst das Weite gesucht.

Ausgesperrt

Das Jahr 2005 nahm für Sylt keinen guten Anfang: Mit Windgeschwindigkeiten von bis zu 140 beziehungsweise 180 Stundenkilometern fegten im Januar gleich zwei schwere Stürme über das Eiland. Einen ungewöhnlichen Einsatz vermeldete dabei die Westerländer Feuerwehr: Während des Sturms hatte ein nur mit Unterhose bekleideter Urlauber den Balkon seines Appartements im achten Stock des Westerländer Kurzentrums betreten, um das tosende Meer zu fotografieren. Durch eine Böe fiel die Balkontür zu und verriegelte sich von innen. Der Ausgesperrte konnte erst nach längerem Rufen und Winken Passanten auf seine missliche Lage aufmerksam machen und von der Polizei aus der Notlage befreit werden.

Seltsames Souvenir

Sensationsgier ist eine Eigenschaft, von der sich auch der bravste Bürger nicht unbedingt freisprechen kann. Doch man kann es auch übertreiben. Eine Sylt-Urlauberin aus Baden-Württemberg rief im Oktober 2005 nach ihrer Heimkehr in der Redaktion der Sylter Tageszeitung an. Sie hätte während ihres Urlaubs einen Unfall auf der Straße zwischen Kampen und List beobachtet. Ob nicht zufällig auch ein Fotograf der Zeitung vor Ort gewesen sei und man ihr in diesem Falle ein Foto des Unfalls zuschicken könne? Auf die ungläubige Nachfrage des Redakteurs antwortete die Frau: „Ja, nun, das gehört für mich halt irgendwie zu den Urlaubserinnerungen dazu." Allein: Die Zeitung wollte und konnte mit einem solchen Foto nicht dienen.

Radau und Randale

„Achtung, Achtung: Bombendrohung!"

Am 23. November 1995 meldet sich frühmorgens ein anonymer Anrufer beim Bahnhof Niebüll: Auf dem Hindenburgdamm sei eine Bombe versteckt. Drei Stunden lang ruht der Zugverkehr, suchen Beamte des Bundesgrenzschutzes mit einem Sprengstoff-Spürhund die Schienen ab. Sie finden nichts. Dafür stehen auf Sylt viele Kunden vor verschlossenen Türen: Zahlreiche Geschäfte öffnen erst später, da 1500 Pendler unpünktlich zur Arbeit kommen. Am 6. Februar 1996 musste der Zugverkehr über den Damm erneut eingestellt werden. Mit den Worten „Achtung, Achtung: Bombendrohung, Hindenburgdamm!" hatte sich um 7.36 Uhr eine weibliche Stimme am Telefon bei der Bahn in Husum gemeldet. Auch diesmal entpuppte sich die Drohung als Fehlalarm.

Der „Sylter Chaos-Tag"

Im Jahr 1995 führt die Bahn das „Schöne-Wochenend-Ticket" ein. Ein lukratives Angebot für Kurzreisende, denn Gruppen bis zu fünf Personen zahlen auf allen Strecken für Hin- und Rückfahrt bescheidene 15 Mark. Doch die Insel Sylt und andere deutsche Urlaubsgebiete lernen bald die Kehrseite der Medaille kennen. Als zu Ostern die ersten warmen Sonnenstrahlen locken, fluten Tagestouristen Sylt förmlich. In den Zügen stapeln sich die Menschen wie die Sardinen – zum Teil muss das Bahnpersonal Personen festhalten, die durch die Fenster in die völlig überfüllten Züge klettern wollen.

Auch einige bunte Gestalten möchten das preiswerte Angebot der Bahn nutzen. Wobei sie ihre eigene Vorstellung vom Kurzurlaub haben: Eine Gruppierung mit dem durchaus einfallsreichen Namen „Strandguerilla Hamburg" lädt zum „Politischen Chaos-Tag auf Sylt". In einem Flugblatt, das in der Hamburger Szene kursiert, propagieren die Verfasser: „Sylt für alle, sonst gibt's Krawalle! Erfrecht sich doch die Sylter Bourgeoisie eines direkten Angriffs gegen die proletarischen Massen! Friede den Hütten, Krieg den Palästen!"

Tatsächlich reisen am Ostersonnabend hundert Autonome von Hamburg nach Sylt. Ebenso viele Polizeibeamte erwarten die Besucher am Westerländer Bahnhof – doch sie warten vergebens. Die ungebetenen Gäste waren schon am Bahnhof in Keitum ausgestiegen, nachdem sie zuvor einen Bahnwaggon verwüstet hatten. Auf ihrem Weg durchs Friesendorf demolieren die zum Teil vermummten Krawallmacher mehrere geparkte Autos, bevor sie schließlich über die Landstraße gen Westerland marschieren. Ein grober Schnitzer: Auf freier Strecke findet die Polizei ideale Gegebenheiten, die Autonomen einzukesseln und gruppenweise in den Gefängnishof der Westerländer Polizeiwache abzutransportieren. Im Chor protestieren die Gefangenen lautstark: „Wir sind das Volk!" Bilanz des Vormittags: Zwei verletzte Randalierer, etwa 25.000 Mark Sachschaden, dazu diverse Funde wie Zwillen, Schlagwerkzeuge und Signalmunition. Nach dem kurzweiligen Wochenende melden sich die Autonomen nochmals

Eingekesselt: Auf der Keitumer Landstraße stoppte die Polizei 1995 den Marsch der Autonomen

in einem Flugblatt zu Wort. Nein, man sei nicht sehr gastlich empfangen worden, monieren die Verfasser: Die Polizisten hätten „auf die unbewaffnete Menge eingeschlagen", später sei man „nach vier Stunden Zwangsaufenthalt im Polizeirevier durch eine Gasse gaffender und filmender Touristen zum Bahnhof Westerland" geführt worden, wo „ein Zug zum Gefangenentransport umfunktioniert wurde". Endlich seien die Reisenden „psychisch und physisch strapaziert" wieder in Hamburg angekommen. So nicht: „Der Polizeieinsatz gegen die Kritiker geldgeiler Konsumfetischisten wird nicht ohne Folgen bleiben!", kündigen die schwer geprüften Kurzzeit-Besucher an. Allein: Es bleibt ruhig. Erst 1996 kommt es noch einmal zu unerfreulichen Zwischenfällen. In Berlin kursiert in der Punker-Szene ein Flugblatt, das zum „Oster-Happening auf Sylt" einlädt und bündig das Programm benennt: „Strandparty und Touristen ärgern." Die rund 50 angereisten Punker haben jedoch ständige Begleiter – die Polizei. „Fuck you" und „Stasi-Schweine" rufen einige Punker den Ordnungshütern zu. Ein schmächtiger Junge mit Irokesenschnitt trumpft besonders auf – ein Fauxpas: Die Überprüfung seiner Personalien ergibt, dass auf den Störenfried ein Haftbefehl ausgestellt ist. Später beginnen zwei Punker mit Polizisten eine Rangelei – die für einen Unruhestifter durch den Biss eines Polizeihundes schmerzhaft endet. Und dann heißt es: Abreise. Erst neun Jahre später sind wieder einige lautstarke Gäste reif für die Insel. Diesmal handelt es sich um etwa 30 Punker, die im Sommer 2005 für Tumult sorgen. Die Polizeidirektion Husum rekapituliert: „Bereits auf der Hinfahrt wurden Sachbeschädigungen und Pöbeleien zum Nachteil der Deutschen Bahn begangen. In Westerland fielen die zum Teil stark alkoholisierten Personen erneut auf. Es wurden Passanten und Polizeibeamte beleidigt und Flaschen auf die Pflasterung geworfen. Polizeibeamte begleiteten die Punker zum Bahnhof Westerland, wo es zu körperlichen Auseinandersetzungen mit der Polizei kam. Zwei Beamte wurden leicht verletzt. Daraufhin wurden zehn Personen in Gewahrsam genommen. Gegen die Randalierer wurden Anzeigen wegen Widerstand gegen Vollstreckungsbeamte, Landfriedensbruch, Körperverletzung und Sachbeschädigung erstattet."

Eine obskure Keksdose

Böse Überraschung für einen Mitarbeiter einer Reinigungsfirma, der im Mai 1996 auf einem Abstellgleis in Westerland einen Zug säuberte: Der arglose Mann entdeckte in einer Zugtoilette eine vermeintliche Bombe. Aus einer unter dem Waschbecken befestigten Keksdose ragten verdächtige Drähte hervor. Die Polizei sperrte das Areal ab und zog den Minenräumdienst aus Kiel hinzu. Doch entpuppte sich der brisante Fund schließlich als harmlose Attrappe. Die Hintergründe gaben der Polizei Rätsel auf.

Schlachtfeld Strand

Strandkorb Nummer 2175 hat das Wochenende nicht überlebt. Am Freitag noch hatten sich Urlauber in ihm gesonnt, am Montagmorgen war er nur noch Kleinholz. Wie ihm erging es im Sommer 1997 vielen seiner Artgenossen – insbesondere im Süden Westerlands lebten Strandkörbe gefährlich. Denn dort lagerten an den Wochenenden ganze Jugendgruppen, die sich nach reichlichem Zuspruch von Alkohol zu nächtlicher Stunde an fremdem Eigentum vergriffen. Die Kosten gin-

Morgens, kurz vor acht: In Schlafsäcken schlummern Jugendliche zwischen Strandkörben nach einer langen Nacht dem neuen Tag entgegen

gen für den Kurbetrieb bald in die Tausende. Strandabschnitt „Himmelsleiter", ein Montag, 8 Uhr. Bedienstete des Kurbetriebs und ein Polizist scheuchen die letzten Langschläfer auf, die nur mühsam wach werden. Bilanz dieses Wochenendes: 36 Strandkörbe wurden beschmiert oder übel zugerichtet. Und es erstaunt, auf wie viele Arten man einen Strandkorb malträtieren kann: Da wird das Dach so lange als Trampolin missbraucht, bis es durchbricht, da werden Armlehnen und Fußladen mit aller Gewalt herausgebrochen, Polster aufgeschlitzt oder gleich der ganze Korb angezündet.

Ein paar Meter von den ramponierten Körben entfernt steht das Häuschen des Korbwärters. Das Fenster wurde mit einer Holzplatte zugenagelt – so oft war die Scheibe zertrümmert worden, dass der Glaser mit dem Auswechseln kaum nachkam. Bilanz eines Sommers: Von den 3400 Körben an Westerlands Stränden wurden rund 600 beschmiert oder beschädigt.

Kirchenschändung – für 23 Euro Beute

Als der Morsumer Pastor Ekkehard Schulz an einem sonnigen Morgen im August 2003 die kleine Sankt Martin-Kirche betritt, stockt ihm der Atem. Über die Kirchenbänke hat sich weißes Pulver wie zarter Schnee gelegt. Im Gang steht ein ramponierter Feuerlöscher. Leer bis auf den Grund. Schnell wird dem Pastor klar: Frevler waren über Nacht in der ältesten Kirche der Insel am Werk.

Mit Brachialgewalt waren die Übeltäter in das im 12. Jahrhundert erbaute Gotteshaus eingedrungen. Sie brachen den Opferstock auf, suchten in der Sakristei vergeblich nach dem Schlüssel für den massiven Safe. Dann ließen sie ihrer Wut über den erfolglosen Einbruch freien Lauf: Sie schleppten einen Feuerlöscher in das Kirchenschiff und sprühten ihn restlos leer. Zwölf Liter feines Pulver breiteten sich flächendeckend aus.

Kirchenbänke, Fußboden, Altar – alles musste in den folgenden Tagen porentief gereinigt werden. Schlimmer noch: Die Orgel musste komplett auseinander gebaut, jede Pfeife einzeln gereinigt werden. Gottesdienste fanden bis auf weiteres nicht mehr statt. Der Schaden ging in die Zehntausende – erbeutet hatten die Täter dabei ganze 23 Euro aus dem Opferstock. Doch Gottes Arm reicht bekanntlich weit: Schon einen Monat später wurden in Kiel

Brachiale Gewalt: Pastor Ekkehard Schulz neben dem aufgebrochenen Opferstock

zwei Männer im Alter von 22 und 25 Jahren festgenommen. Ihnen konnten 17 Einbrüche auf dem Festland und zehn Einbrüche auf Sylt nachgewiesen werden – neben der Morsumer Kirche suchten sie unter anderem eine Grundschule, ein Kurbüro und die Sylter Musikschule heim. Die Tatorte hatten sie mit einem gestohlenen Auto angesteuert.

Das Schöffengericht in Neumünster setzte dem kriminellen Treiben zumindest vorläufig ein Ende: Die beiden bereits vorbestraften Angeklagten wurden zu zwei- und dreieinhalb Jahren Haft verurteilt.

PERFIDE DROHUNG

Nächtliche Ruhestörung – für die Polizei ein alltäglicher Fall. Auch am 12. Mai 2006 hat Lärm mal wieder Nachbarn auf den Plan gerufen. Als der Streifenwagen in Hörnum eintrifft, sind die Verursacher schnell ausgemacht: Auf der Straße diskutiert ein junges Pärchen lautstark seine Beziehungsprobleme aus. Als die beiden Polizeibeamten den Mann ansprechen, wird dessen Freundin rabiat: Sie droht den Beamten, sie zu beißen und ruft: „Vorsicht! Ich habe Aids!" Gemeinsam mit der Besatzung eines zweiten Streifenwagens gelingt es schließlich, das stark alkoholisierte Pärchen in Gewahrsam zu bringen. Ein mulmiges Gefühl bleibt: „Diese Drohung machte mir schon etwas Angst – dann aber habe ich beherzt zugegriffen und die Frau festgehalten", erzählt einer der Beamten. Epilog: Der 23-jährige Mann und seine 19-jährige Freundin verbrachten die Nacht in der Ausnüchterungszelle. Beiden wurden Blutproben entnommen – wobei sich herausstellte, dass die perfide Drohung der Frau erfunden war.

RANDALE IM RESTAURANT

Erst veranstaltete er ein Zechgelage – dann wurde der Urlauber rabiat: In einem Westerländer Restaurant verwüstete ein Trunkenbold im Juni 2008 zunächst das WC, dann trat er gegen Stühle und Tische und griff zu guter letzt auch noch das Personal an, bevor er pöbelnd verschwand. Die Polizei stellte den Flüchtigen, den übrigen Gästen knurrte der Magen: Der Betrieb in der Küche wurde wegen des Vorfalls vorübergehend eingestellt.

Um Hab und Gut

Zwei junge Männer aus gutem Hause

In der Nacht zum 1. August 1961 wartet Hans Christensen* (40) am Taxenstand beim Westerländer Bahnhof auf Fahrgäste. Kurz vor Mitternacht steigen zwei junge Männer in den Wagen ein. Sie nehmen auf dem Beifahrersitz und im Fonds Platz. Das Fahrtziel: Kampen. Doch kurz hinter Wenningstedt nimmt die Tour ein abruptes Ende: Ohne Vorwarnung schlägt der im Fond sitzende Mann dem Chauffeur eine leere Bierflasche auf den Kopf. Der Schlag ist so kräftig, dass die Flasche zerspringt. Blut strömt über die Stirn von Hans Christensen, der mit aller Kraft in die Bremsen tritt, die Wagentür aufreißt und laut um Hilfe ruft. Die beiden Fahrgäste sind irritiert – kopflos und ohne Beute flüchten sie und verlieren unterwegs ein Messer.

Am nächsten Morgen durchkämmen Polizeibeamte die in Fluchtrichtung gelegenen Ferienwohnungen – und der Spürsinn wird belohnt: Die Polizisten stoßen auf den 18-jährigen Tankwartlehrling Karsten Rehmbagen* und den 19-jährigen Schriftsetzer Thorsten Sick*, die sich im Osten Wenningstedts ein Zimmer gemietet haben. Zwar ist sich Hans Christensen bei der Gegenüberstellung nicht sicher, doch während einer eingehenden Vernehmung geben die beiden jungen Hamburger die Tat schließlich zu. Nach dem Antrieb für das heimtückische Verbrechen gefragt, geben die beiden Täter lapidar an: Ihnen sei das Urlaubsgeld ausgegangen. „Wir haben für zwei Wochen gebucht, waren aber schon nach einer Woche pleite." Zunächst hätten sie am Abend des 31. Juli versucht, ein Auto beim Trampen anzuhalten. Als dies nicht glückte, gingen sie weiter zum Taxistand.

Noch im selben Monat folgt die Verhandlung vor der Flensburger Jugendstrafkammer. Regungslos sitzt Karsten Rehmbagen auf der Anklagebank, und auch Thorsten Sick, der einem kirchlichen Jugendkreis angehört und im Posaunenchor spielt, schweigt. Das Urteil für die beiden jungen Männer aus gutem Hause fällt drastisch aus: Wegen versuchten schweren Raubes und gefährlicher Körperverletzung werden sie zu je drei Jahren Jugendstrafe verurteilt.

*Der Taxenstand befand sich früher direkt vor dem Bahnhof. Hier bestiegen die beiden Täter das Fahrzeug von Hans Christensen**

Ehrbare Bürger auf Abwegen

Fünf Jahre lang verfolgte eine Sonderkommission des Landeskriminalamtes Nordrhein-Westfalen die Spur einer Tätergruppe, die sich auf Diebstähle aus Fahrzeugen spezialisiert hatte. Mehrere Sommer lang schlugen die Langfinger ab 1974 immer wieder auf Sylt zu, wo sie vornehmlich auf Strandparkplätzen ans Werk gingen. Man setzte dabei auf Arbeitsteilung: Während die einen die Autos knackten und Beute machten – vor allem Kreditkarten und Sparbücher waren sehr begehrt –, setzte der andere Teil der Gruppe die heiße Ware in Bargeld um, das dann brav auf Sparbüchern angelegt wurde.

Zwar konnten bereits 1974 mehrere Täter – darunter so ehrbare Bürger wie ein Innenarchitekt, ein Rechtsanwalt und eine Sozialpädagogin – dingfest gemacht werden, doch stockte die insgesamt 30 Köpfe starke Gruppe ihr Personal flugs wieder auf. 1978 beschattete die Polizei auf Sylt acht Verdächtige, die mit drei Leihwagen auf die Insel gekommen waren und hier in gehobenen Hotels nächtigten. Tagsüber fuhren die Verdächtigen von Parkplatz zu Parkplatz. Doch offenbar hatten sie von der Observierung Wind bekommen und tasteten die geparkten Autos nicht an. Es nützte ihnen nichts: Im Juli 1978 erfolgten rund 30 Festnahmen in mehreren Städten Nordrhein-Westfalens; zum Teil wurden die Täter zu längeren Freiheitsstrafen verurteilt.

Spanien statt Sylt

Er verdiente gut – aber offenbar nicht genug: Mit zwei Tageseinnahmen in Höhe von 13.000 Mark, die er nach Feierabend eigentlich wie gewohnt zur Bank hätte bringen müssen, setzte sich im März 1981 der Geschäftsführer eines Westerländer Restaurants ins sonnige Spanien ab. Dort arbeitete der 46-Jährige, der in seiner bewegten Vergangenheit mehrere Jahre in der Fremdenlegion gedient hatte, fleißig weiter – wenn auch nur in abgestufter Position als Kellner. Das gestohlene Geld gab er derweil für die Einrichtung seiner neuen Wohnung aus. Doch schon im September des selben Jahres zog es ihn wieder in heimatliche Gefilde. Ein Lapsus, denn prompt wurde er festgenommen. Und da der Mann bereits wegen Betrugs vorbestraft war, ereilte ihn nun die ganze Härte des Gesetzes: Im Februar 1982 verurteilte ihn das Schöffengericht Flensburg wegen Untreue zu einem Jahr Gefängnis ohne Bewährung.

Nächtliche Besucher

Im Sommer 1993 drangen dreiste Einbrecher auf Sylt gleich 47 mal in bewohnte Häuser ein, stahlen Bargeld und Schecks, während die Hausbewohner friedlich schliefen. Jeweils zwischen 2 und 4.30 Uhr bohrten die Einbrecher Löcher in die Rahmen der Fenster oder Terrassentüren, schoben einen Draht hindurch und entriegelten die Hebel. Bald danach tauchten gestohlene Schecks im Bundesgebiet, aber auch in Frankreich und Italien auf – die Spur führte schließlich zu einer international tätigen Diebesbande.

„Dies ist ein Überfall!"

Freitag, 22. August 1997. Noch eine halbe Stunde bis Schalterschluss – die Mitarbeiter der Vereinsbank in Westerland freuen sich bereits auf das bevorstehende Wochenende, als ein sportlich gekleideter, junger Mann die Bank betritt und zügig auf den Kassenschalter zusteuert. Dem arglosen Kassierer schiebt er einen Aktenkoffer und einen Zettel zu. „Dies ist ein Überfall!", steht dort in gut lesbarer Schrift, und als der Kassierer aufschaut, blickt er in die Mündung einer Pistole. 30.000 Mark in losen Scheinen stapelt der Bankbeamte in den Aktenkoffer, dann befindet der Bankräuber knapp: „Es reicht!" Doch bevor er geräuschlos den Rückzug antritt, hält der Täter noch eine perfide Überraschung parat: Er schiebt ein Päckchen über den Tresen, aus dem mehrere Kabel herausragen. Dass es sich um eine Attrappe handelt, kann das erstarrte Gegenüber nicht ahnen. „Und jetzt zwei Minuten ruhig verhalten, dann passiert Ihnen nichts", befiehlt der Gangster, schiebt die Baseballkappe tiefer in die Stirn und verlässt die Bank. Ein Zeuge wird später berichten, dass der Mann auf einem Mountainbike davon radelte. Inzwischen schlägt der Kassierer Alarm – keiner seiner Kollegen hatte den Überfall am Kassenschalter bis dato registriert.
Drei Wochen später scheint der Täter gefasst: In Husum nimmt die Kripo einen 34-jährigen Mann aus Dresden fest. Doch schnell stellt sich heraus: Fehlanzeige. Der wirkliche Bankräuber bleibt ein Unbekannter.

FESTNAHME IM FERIENHAUS

Als Hajo Roth* am Nachmittag des 15. August 1998 die Tür seines gemieteten Rantumer Feriendomizils öffnet, ist der Urlaub abrupt zu Ende. Kripobeamte legen dem 20-Jährigen Handschellen an. Wenige Stunden später ist auch sein Freund Ulf Kopp* in Gewahrsam. Er wird in Hamburg gestellt. Eigentlich dürften sich die beiden jungen Männer gar nicht auf freiem Fuß befinden – sie waren ein Jahr zuvor aus dem Gefängnis entwichen. Doch das ist am Tag ihrer Verhaftung eher sekundär, denn sie haben sich erneut strafbar gemacht.

Zunächst hatten die beiden Kriminellen ein Westerländer Hotel im Visier. Dort brachen Sie den Hotelsafe auf und entwendeten 50.000 Mark Bargeld. Doch das reichte offensichtlich nicht. Ein zweiter Coup soll ihnen noch mehr einbringen. Mehrere Tage lang inspizieren sie, als selbstsichere Kunden auftretend, die exklusiven Geschäfte im feinen Kampen. Am 13. August schreiten sie zur Tat. Kurz vor Feierabend betreten sie die Dependance des Hamburger Juweliers Wilm. Sie bedrohen die 59-jährige Geschäftsführerin mit einer Waffe, drängen sie in die Küche und fesseln die Frau. Dann beginnen sie, die Auslagen leer zu räumen.

Doch plötzlich betritt eine Nachbarin den Verkaufsraum. Ebenso plötzlich verlassen die Täter daraufhin das Geschäft. Ihre Beute: Kostbare Ringe und Armbänder im Wert von über 100.000 Mark. Doch lange können sie sich an dem Diebesgut nicht erfreuen: Die Überfallene wie auch andere Kampener Geschäftsleute erkennen Ulf Kopp auf Fahndungsfotos wieder, Hinweise aus der Bevölkerung führen dann auch schnell auf die Spur seines Komplizen.

SELBSTBEDIENUNG – FALSCH VERSTANDEN

Ein schwer nachvollziehbarer Fall von Unterschlagung fand im Sommer 2001 sein gerichtliches Nachspiel: „Unglaubliche Nachlässigkeit" attestierte ein Richter des Landgerichts Flensburg dem früheren Betreiber eines Lebensmittelmarktes in List. Dessen blindes Vertrauen zu einem Angestellten kam den 63-Jährigen teuer zu stehen: Insgesamt 329.000 Mark verschwanden im Laufe mehrerer Jahre auf ominöse Weise aus der Kasse der im Markt integrierten Postagentur. Für diesen immensen Verlust musste letztlich der ehemalige Marktbetreiber gegenüber der Post gerade stehen.

Bereits 1997 soll der Angestellte laut Aussage seines früheren Chefs 50.000 Mark entwendet haben. Als die Unterschlagung aufflog, habe der Langfinger die Rückzahlung garantiert und Besserung gelobt. Tatsächlich zog sein Chef nicht nur die Strafanzeige zurück, sondern stellte den Mitarbeiter später wieder ein. Der Angestellte hatte schon bald wieder kontinuierlichen Zugriff auf hohe Geldbeträge in der Postkasse. Eine abendliche Abrechnung gab es nicht, die Einnahmen wanderten lediglich in den Firmentresor. Erst Revisoren der Deutschen Post deckten im Sommer 2000 einen Fehlbetrag von zunächst 40.000 Mark und dann 90.000 Mark auf. Dennoch wurde der Marktbetreiber nicht tätig. Eine erneute Kassenprüfung der Post offenbarte dann Anfang 2001 Unglaubliches: Auf dem Buchungskonto fehlten insgesamt 329.000 Mark. Der verdächtige Angestellte konnte dazu vor Gericht jedoch zunächst keine Stellung nehmen – er war untergetaucht und bundesweit zur Fahndung ausgeschrieben. Erst nach mehreren Wochen konnte er schließlich in Hessen festgenommen werden.

SCHRECK ZUR MITTAGSZEIT

Dreister geht es kaum: Am hellichten Tag überfielen zwei Männer mitten in der Westerländer Innenstadt ein Juweliergeschäft. Im November 2001 hatten die beiden Maskierten das Geschäft in der Friedrichstraße zur Mittagszeit betreten, die Juniorchefin mit Pistolen bedroht und in Windeseile mehrere Dutzend kostbare Armbanduhren im Gesamtwert von 500.000 Euro aus den Ladenvitrinen zusammen gerafft. Danach stürmten die Täter zu ihrem Fluchtwagen, der in einer nahen Seitenstraße geparkt war und von einem Komplizen gesteuert wurde. Das einen Tag zuvor in der Nähe von Neumünster gestohlene Fahrzeug wurde eine Stunde nach dem Überfall auf einem öffentlichen Parkplatz aufgefunden. Erst ein Jahr später gingen die Täter der Polizei ins Netz. Dabei stellte sich heraus, dass der Blitzüberfall nur einer von vielen war: Binnen zwei Jahren hatte eine polnische Bande bundesweit 120 Juweliergeschäfte beraubt. Das Bundeskriminalamt bezifferte die Beute auf rund 25 Millionen Euro. Im Zuge der Ermittlungen konnte die mafiaähnlich strukturierte Organisation 2002 ausgehoben werden – 50 Tatverdächtige wurden in Deutschland, Dänemark und Polen verhaftet.

Die Delinquenten waren vorwiegend in polnischen Diskotheken rekrutiert worden. Als Touristen getarnt reisten sie in die Zielgebiete, wo ihnen Mittelsmänner genaue Instruktionen zu den Tatorten und Fluchtwegen gaben. Nach jedem Coup reisten die Räuber sofort nach Polen zurück, wo sie mit kärglichen 2000 bis 3000 Euro entlohnt wurden und somit, wie es ein BKA-Sprecher formulierte, „von den Drahtziehern mit einem Trinkgeld abgespeist wurden".

EINE MILLION IN EINER MINUTE

Als Tanja Paulsen* nachts um 3 Uhr durch das Klingeln des Telefons aus dem Schlaf geschreckt wird, ahnt die Geschäftsführerin des renommierten Juweliergeschäfts „Cartier" in Kampen nichts Gutes. Die Vorahnung bestätigt sich rasch: Ein Kripobeamter teilt ihr mit, dass eingebrochen wurde. Um kurz vor 2 Uhr hatten zwei Unbekannte am 20. Juni 2002 die Eingangstür des Ladens aufgehebelt. Unter den Blicken einer Videokamera rafften die maskierten Männer

Die damalige „Cartier"-Dependance in Kampen wurde 2002 Ziel eines Blitzeinbruchs

binnen einer Minute und 15 Sekunden Pretiosen im Wert von 1,2 Millionen Euro zusammen und suchten das Weite. Zu schnell für die Polizei, die durch das Auslösen der Alarmanlage benachrichtigt wurde. Vergeblich observierten Beamte den Westerländer Bahnhof und den Lister Fähranleger. Trotz umfangreicher Fahndung konnten die Einbrecher bis heute nicht gefasst werden. Die einzigen Spuren, die sie zurückließen, waren mehrere leere Schmuckschatullen, Einweg-Handschuhe und eine Sporttasche – diese Utensilien fanden sich in der Nähe des Tatortes in einem Gebüsch.

DAS PATENKIND DES PAPSTES

Hochstapeln kommt vor dem tiefen Fall: Auf Sylt machte sich Christian Kebnitz* – unter dem pompösen Namen Christian Graf von Kebnitz* firmierend – ein schönes Leben, ehe ihm schwedische Gardinen die Aussicht trübten. Im Sommer 2005 übertölpelte der falsche Adlige auf der Insel etliche gutgläubige Geschäftsleute; er mietete Luxusautos, kaufte teure Garderobe und erwarb sogar für fast drei Millionen Euro ein kleines Hotel in Kampen – freilich alles auf Pump. Stattdessen blendete er die Geschädigten mit seinem vermeintlich guten Namen und wüsten Legenden – mal gab er sich als Erbe eines reichen Industriellen aus, mal als ein Freund der Schauspielerin Inge Meysel und gar als Patenkind des Papstes.

Doch im Herbst 2005 verließ der Hochstapler die Insel gemeinsam mit seinem Freund fluchtartig – da waren bereits Haftbefehle auf das diebische Duo ausgestellt, das vor der Stippvisite auf Sylt auch in seiner Heimatstadt Hamburg sehr aktiv war: Dort hatte das homosexuelle Paar eine Zeitlang in einer vornehmen Villa gelebt und ebenfalls zahlreiche Betrügereien verübt.

Drei Monate lang blieben die Gesuchten verschwunden – dann spürte sie die Polizei in der Schweiz auf: Am frühen Morgen klickten in einem Nobelhotel in Zürich die Handschellen. In Hamburg musste sich das illustre Pärchen wegen schweren Betrugs in Millionenhöhe und Urkundenfälschung vor Gericht verantworten.

Reinfall statt Rendite

Auf der Insel eine Wohnung kaufen und dadurch ein festes Urlaubsdomizil zu besitzen, das sich durch Vermietung an andere Gäste refinanziert – diesen reizvollen Gedanken haben schon viele Stammgäste in die Tat umgesetzt. Doch im Januar 2006 sorgt bei einigen Zweitwohnungsbesitzern nicht etwa der Neujahrskater, sondern eine unerfreuliche Nachricht für ein böses Erwachen: Zunächst fliegt in Westerland ein Hausverwalter auf, der rund 250.000 Euro veruntreut haben soll. Der Mann bediente sich ungeniert an den Konten für die laufenden Nebenkosten und Rücklagen. Gegenüber der Polizei gibt er an, dringend Steuerschulden bezahlen zu müssen.

Nur wenige Tage später wird ein zweiter Fall publik. Diesmal ist es ein Hausverwalter in Wenningstedt, der sogar gleich 1,4 Millionen Euro abgezweigt hat. Hier war der aufwändige Lebensstil der Grund, sich kräftig zu bedienen: Der Mann hatte im Laufe von zwei Jahren in mindestens 90 Fällen arglose Wohnungsbesitzer getäuscht. In beiden Fällen wurde den Betreffenden der Griff in die Kassen durch entsprechende Kontovollmachten leicht gemacht, rügte die Kripo.

Blütenzauber

Einen Geldesel müsste man zuhause haben. Dachten sich auch drei Sylter, die kurzerhand Falschgeld druckten. Im Frühjahr 2006 zahlten die Geldfälscher ihre Zeche in Westerländer Gaststätten mehrfach mit 20-Euro-Scheinen, die laut der Falschgeld-Dienststelle des Landeskriminalamtes eine durchaus beachtliche Qualität aufwiesen. Allein: Die Täter konnten sich an der nicht versiegenden Geldquelle nicht lange erfreuen: Im Mai 2006 wurde einer von ihnen beim Einwechseln von fünf gefälschten Banknoten auf frischer Tat ertappt, im Zuge der weiteren Ermittlungen stellte die Kripo dann auch die beiden Komplizen.

„ICH HATTE WOHL EIN PAAR SCHUTZENGEL"

Die beiden Männer, die an einem Nachmittag im August 2008 das Büro der Appartement-Vermietung Bensen* in Keitum betreten, wollen ganz offensichtlich kein Zimmer mieten. Sie sind maskiert und halten eine Pistole und ein Messer in den Händen. Die ungebetenen Gäste haben es auf den Tresor abgesehen, doch die Inhaberin zeigt sich überraschend wehrhaft und macht keine Anstalten, diesen zu öffnen. Dafür öffnet sich plötzlich die Eingangstür

Polizei und Rettungswagen am Tatort

und der Sohn betritt das Büro. Die Waffen schrecken den kräftigen Mann nicht – er stürzt sich auf einen der Täter und reißt ihn zu Boden. Da verliert der Komplize die Nerven und rennt von dannen. Ein Stück lang verfolgt ihn die resolute Dame des Hauses und eilt dann ins Büro zurück. Noch immer ringen ihr Sohn und der andere Täter auf dem Boden. Ein wuchtiger Schlag mit einer schweren Schüssel beendet den Kampf – für den Räuber mit fatalen Folgen: Er trägt schwere Kopfverletzungen davon und muss mit dem Rettungshubschrauber ausgeflogen werden.

Am nächsten Tag wundert sich Mareike Bensen* über ihre eigene Courage: „Das war mehr Wut als Mut. Aber ich hatte wohl ein paar Schutzengel." Von dem geflüchteten Täter fehlt trotz umfangreicher Fahndung indes weiterhin jede Spur. Es braucht drei Monate, dann kann er in Lettland festgenommen werden. Ein gestohlener Reisepass wurde ihm an der russischen Grenze zum Verhängnis. Im Februar 2009 stehen die beiden Räuber vor Gericht. Fünf Jahre Freiheitsentzug, so lautet das Urteil. Dass die Strafe nicht noch höher ausfiel, begründet der Richter mit einer „verminderten Schuldfähigkeit aufgrund von Alkohol- und Drogeneinfluss".

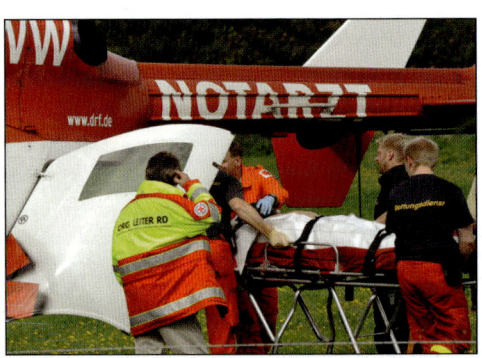

*Der schwerverletzte Täter wird in den
Rettungshubschrauber transportiert*

Flugzeugabstürze

Segelflieger im Abwind

Kann der Mensch frei wie ein Vogel sein? In den 1930-er Jahren belegten Segelflieger am Wenningstedter Kliff diese fragwürdige These jedenfalls mit eindrucksvollen Rekorden. Bis zu 40 Stunden schwebten sie in der Luft – ohne Motor oder sonstige Hilfsmittel. Einzig die Thermik hielt die Maschinen oben. Sogar Weltrekorde wurden am Kliff aufgestellt, doch war das Bemühen um Bestleistungen nicht ungefährlich: So verlor der bekannte Segelflieger Willi Gutsche 1939 beim Absturz seines Flugzeugs beide Beine – er wollte den Rekord von 40 Stunden brechen und war schließlich von der Müdigkeit übermannt worden.

Ebenfalls im Jahre 1939 stürzt ein Segelflugzeug ab, kurz nachdem es in der Kampener Heide mit einer Winde in die Luft katapultiert wurde; der Fluglehrer und seine Schülerin sind sofort tot. Wenige Jahre zuvor schlug ein Segelflugzeug mitten in Wenningstedt auf – der Pilot konnte sich gerade noch mit dem Fallschirm retten. Einem anderen Segelflieger missglückte die Landung am Wenningstedter Strand – die Maschine setzte auf dem Wasser auf, wobei ein Tragflügel ein schwimmendes Kind schwer am Kopf verletzte. Es hätte nicht viel gefehlt und eine aufgebrachte Menge von Badegästen hätte den Piloten gelyncht. Die größte Katastrophe in der Geschichte der Sylter Segelfliegerei indes bahnt sich am 1. Oktober 1967 an. Es ist ein milder Herbsttag und ideales Flugwetter. Hoch über dem Roten Kliff von Kampen kreisen zwei Segelflugzeuge. Eine der beiden Maschinen, Modell „Rhönlerche" mit 13 Metern Spannweite, steuert der Segelfluglehrer Willi Schwalbach*. Der 41-jährige Kampener ist ein routinierter Pilot. Er ist Mitbegründer des Aero-Clubs Sylt und seit acht Jahren Ausbildungsleiter des Vereins. Hinter ihm sitzt die 20-jährige Gisela Schremm*. Die junge Hamburgerin verbringt ihren Urlaub auf Sylt und möchte ihn mit diesem Flug krönen. Die andere Maschine, das etwas modernere und größere Modell „K 7" mit 16 Metern Spannweite, führt Erhard Herbst*. Der 28-Jährige aus Hörnum ist seit drei Jahren begeisterter Segelflieger,

Die zerborstene „K 7" auf dem Kampener Kliff

jede freie Stunde frönt er seinem Hobby. Hinter ihm sitzt der 19-jährige Markus Petersen* aus Keitum, einer der Youngster im Aero-Club.

Das Unglück geschieht aus heiterem Himmel. Die „Rhönlerche" und die „K 7" ziehen – vermutlich von der tiefstehenden Sonne geblendet – ihre Kreise plötzlich auf der selben Bahn. Frontal prallen beide Maschinen zusammen und stürzen in die Tiefe. Die „K 7" bricht auf der Kuppe des Kliffs 30 Meter von dem Restaurant „Sturmhaube" entfernt in mehrere Teile, die „Rhönlerche" zersplittert am Fuße des Kliffs neben einem Pulk von Strandkörben. Die Rettungskräfte können Markus Petersen mit schweren Verletzungen bergen; er überlebt. Für Willi Schwalbach, Erhard Herbst und Gisela Schremm, die von der Feuerwehr zunächst noch lebend aus der Kanzel geschnitten wird, aber kommt jede Hilfe zu spät.

Erst Jahrzehnte später kommt es erneut zu einem Absturz eines Segelfliegers, diesmal auf dem Gelände des Sylter Flughafens. Am frühen Nachmittag des 25. Juni 2006 zieht die kräftige Seilwinde ein Segelflugzeug in die Höhe, als die kleine Maschine aus etwa 20 Metern Höhe auf die Graspiste stürzt. Die Flughafenfeuerwehr befreit den 62-jährigen Piloten, der im Cockpit eingeklemmt ist. Mit einer Beinfraktur wird er ins Krankenhaus eingeliefert.

Die „Rhönlerche" zerschellte auf dem Strand

„UND DANN SAHEN WIR DIE RAUCHWOLKEN"

1964 wird die nordfriesische Kleinstadt Leck zum Heimathafen des Aufklärungsgeschwaders 52 der Bundesluftwaffe. Im Herbst des darauf folgenden Jahres beginnen auf dem Militärflugplatz Umbauarbeiten – das Geschwader weicht auf die Standorte Westerland, Nörvenich und Manching aus.

Am Nachmittag des 7. Dezember 1965 kehren zwei Jets von einem Übungsflug nach Sylt zurück. 108 dieser Maschinen vom Typ „RF-84F Thunderflash" hat die Bundesluftwaffe von einem amerikanischen Hersteller beschafft. Die „Thunderflash" kann bis zu 1000 Stundenkilometer schnell fliegen und bis auf zwölf Kilometer Flughöhe steigen.

Als die beiden Maschinen zur Landung auf dem Westerländer Militärflughafen ansetzen, kommt es zur Kollision. Ein Augenzeuge berichtete: „Wir traten aus dem Gebäude und dann sahen wir ganz im Süden des Flugplatzes die Rauchwolken der ausbrennenden Maschinen. Da eilte auch schon die Feuerwehr zur Hilfe. Es war ein Schock für uns alle."

Die beiden Piloten können zwar noch lebend aus den Wracks geborgen werden. Doch wenig später erliegen sie im Krankenhaus ihren Verletzungen.

RETTUNGSFLUG IN DEN TOD

Es ist tiefe Nacht und Kampen schläft. Gegen 2.30 Uhr durchdringt am 3. Dezember 1993 jäh ein lautes Motorengeräusch die Stille. Ein VW „Passat" rast über die Hauptstraße. Die Fahrt endet abrupt. Der „Passat" prescht frontal in einen mit Betonteilen beladenen Sattelschlepper, der in einer Bushaltebucht geparkt ist. Mit schweren Kopfverletzungen und inneren Blutungen wird der 32-jährige Martin Hemelau* von der Feuerwehr aus dem Wrack geschnitten. In der Westerländer Nordseeklinik befinden die Ärzte: Das Leben des Wenningstedters kann nur auf dem Festland gerettet werden. Um 6.40 Uhr hebt ein Rettungshubschrauber vom Typ „Sea Lynx" vom Landeplatz neben der Klinik ab. Sein Ziel: Das etwa 80 Kilometer Luftlinie entfernte Klinikum Heide, wo Martin Hemelau in der Neurochirurgie operiert werden soll. Nach

Auftakt einer Tragödie

einer halben Stunde Flugzeit und dem Ziel schon bis auf zehn Kilometer nahe geschieht das Verhängnis. Der Hubschrauber touchiert im dichten Nebel eine Hochspannungsleitung und stürzt ab. Pilot, Co-Pilot und der Notarzt klettern mit leichten Verletzungen aus der Maschine. Im Wrack aber bleiben zwei Tote zurück. Der 40-jährige Bordtechniker Klaus Kaminski* und Martin Hemelau.

AUSFLUG OHNE WIEDERKEHR

Unter Besitzern von Privatflugzeugen gilt Sylt als beliebtes Ziel für einen Wochenend- oder Tagesausflug. Für manchen wurde aus dem Vergnügen jedoch ein Abstecher ohne Wiederkehr. 1996 etwa, das Jahr ist gerade vier Tage alt, stürzt eine Maschine vom Typ „Piper Malibu" im dichten Nebel 80 Meter neben der Landebahn des Sylter Flughafens ab. Der 51-jährige Pilot und sein 38-jähriger Begleiter sind sofort tot.

30. Mai 2008: Eine „Cessna" schlägt dicht hinter einem Wohngebiet auf

Am Abend des 30. Mai 2008 schlägt eine „Cessna" im Süden Westerlands auf. Dem Piloten gelingt es noch, die Maschine dicht über die Dächer eines Wohngebiets zu steuern, dann geht sie neben dem Parkplatz eines Tennisclubs nieder. Fast zwei Stunden lang kämpfen Notärzte um das Leben des eingeklemmten Piloten – vergebens. Der 61-Jährige stirbt an der Unfallstelle. Seine beiden Passagiere überleben verletzt. Am nächsten Morgen wird das Flugzeugwrack aus dem Graben gezogen und auf einem Tieflader abtransportiert. Nur vereinzelte Spuren künden noch

von den Geschehnissen am Vorabend: Abgebrochene Äste, ein einzelner weißer Schuh, eine beigefarbene Gardine, die am Tag zuvor ein Flugzeugfenster abdeckte.

Wie ein Stein fiel 1996 diese Maschine vom Himmel – in dem Wrack starben zwei Menschen

ENDE EINES RUNDFLUGS

Ein Tonnenleger-Schiff hievt das ramponierte Wasserflugzeug an Bord,
Taucher suchen nach den Opfern

Jürgen Ballauf* freut sich über den gelungenen Kauf. Vor drei Monaten hat er ihn in Schweden getätigt, nun steht der Neuzugang seines kleinen Rundflugbetriebs auf dem Rollfeld des Flugplatzes auf Föhr. Die „Cessna A185E" bringt es auf 332 Stundenkilometer, eine Tankladung reicht für eine Distanz von gut tausend Kilometern. Dieses Modell aber ist ein gutes Stück schwerer als die Artgenossen seiner Baureihe – unter dem Fahrwerk sind zusätzlich Schwimmkufen montiert, die Landungen auf dem Wasser ermöglichen.

Die Attraktion im Rundflugangebot der Firma Ballauf ist der „Große Nationalparkflug". In seiner Werbung preist ihn das Unternehmen an: „Wir starten täglich zu atemberaubenden Rundflügen über dem Nationalpark Schleswig-Holsteinisches Wattenmeer. Das Wechselspiel zwischen Ebbe und Flut offenbart sich dem Besucher erst so richtig fulminant bei der Sicht aus der Luft. Die Verschiedenartigkeit der Inseln und Halligen präsentiert sich dem Fluggast so intensiv wie sonst nur selten." Am 28. Mai 2002, die Sonne strahlt vom wolkenlosen Himmel, möchten zwei Urlauber ihre Ferienregion einmal aus der Vogelperspektive erleben. Sie buchen den „Großen Nationalparkflug" für 98 Euro pro Person. Der 82-jährige Mann und seine 78-jährige Ehefrau können nicht ahnen, dass dies nicht „eines der schönsten Urlaubserlebnisse" wird, wie es der Rundflugbetrieb in seiner Werbung verspricht, sondern der letzte Ausflug ihres Lebens.

Die „Cessna" überfliegt von Föhr die Nordsee und die Insel Sylt. Gegen 11.15 Uhr drückt Jürgen Ballauf den Steuerknüppel nieder und setzt vier Kilometer westlich von List zur Wasserlandung an. Doch kaum hat die Maschine aufgesetzt, kippt sie nach vorn, überschlägt sich. Kieloben dümpelt die „Cessna" in den Wellen. Vom Lister Hafen eilt der dort stationierte Seenotrettungskreuzer „Minden" zur Hilfe, auch zwei Boote der Wasserschutzpolizei machen sich auf den Weg, auf Helgoland hebt ein Rettungshubschrauber ab. Die Helfer finden den 51-jährigen Piloten, der sich an eine Kufe klammert. Unterkühlt und mit Gesichtsverletzungen wird er ins Krankenhaus gebracht. Der 82-jährige Fluggast treibt in den Wellen. Er ist tot. Tot ist auch seine Frau, die ein Taucher aus dem Cockpit zieht. Das Wrack wird schließlich von einem Tonnenleger-Schiff geborgen und zum Hörnumer Hafen transportiert.

Elf Monate nach dem Unglück liegt der Bericht der Bundesstelle für Flugunfalluntersuchung vor. Als Unfallursache wurde ermittelt: Zur Bruchlandung kam es, weil das Fahrwerk unterhalb der Schwimmkufen ausgefahren war. „Inwieweit auch die sehr geringe Flugstundenzahl des Piloten auf einem Amphibienflugzeug Einfluss auf das Unfallgeschehen hatte, ist schwer zu sagen", befinden die Gutachter. Zwar konnte Jürgen Ballauf 7500 Flugstunden vorweisen, doch entfielen davon lediglich 18 Stunden auf seine amphibische „Cessna".

Im Oktober 2003 schließt die Tragödie in Flensburg mit dem letzten Kapitel. Ein Schöffengericht verurteilt Ballauf wegen fahrlässiger Tötung zu einer Geldstrafe in Höhe von 2400 Euro. Auf eine Haftstrafe wird verzichtet, da der Pilot seinen Fehler, vor der Wasserung das Fahrwerk einzuziehen, unumwunden eingestand.

Notlandung im Wattenmeer

Das Gesetz des Serie greift nur zwei Wochen nach dem tragischen Flugzeugabsturz vor List. Doch diesmal sind die Folgen weitaus glimpflicher. Am Morgen des 12. Juni 2002 chartert eine Frau in Hamburg ein Sportflugzeug vom Typ „Cessna 421" für einen Tagesausflug nach Sylt. Kurz vor Ankunft meldet die Pilotin dem Tower Motorprobleme, dann reißt der Funkkontakt ab. Wenig später meldet sich die 37-Jährige wieder – diesmal per Handy: Sie habe eine Notlandung auf dem Meer glücklich überstanden. Eine halbe Stunde später entdeckt der alarmierte Rettungshubschrauber das Flugzeug etwa zwei Kilometer südlich des Hindenburgdamms in den Wellen. Um 12.40 Uhr wird die Pilotin unverletzt geborgen. Ihren Flugschein hatte sie erst wenige Wochen zuvor erworben.

SCHIFFSHAVARIEN

„DER HERR SEGNE UNSEREN STRAND"

„Wir bitten dich, oh Herr, zwar nicht, dass Schiffe stranden im Heulen des Sturms, aber wenn es schon deinem unergründlichen Ratschluss gefällt, sie stranden zu lassen, dann führe sie hier an den Strand zum Wohle der armen Bewohner." Oder auch kurz gefasst: „Der Herr segne unseren Strand. Amen." So sprachen die Nordfriesen und ihre Pastoren über Jahrhunderte hinweg zu Gott und ihre Gebete wurden nur allzu oft erhört: Allein vor der Sylter Küste liefen zwischen 1800 und 1850 insgesamt 104 Schiffe auf Grund. Die Ladungen, die dabei oftmals über Bord gingen oder aber im Schutz der Dunkelheit geplündert wurden, waren für die Einwohner der kargen Insel ein willkommenes Zubrot.

Manchmal gelang es den Schiffbrüchigen, das sichere Ufer zu erreichen, doch oft gab es Tote zu beklagen. Eines der tragischsten Unglücke ereignete sich am 10. September des Jahres 1744, als zwischen Amrum und Hörnum 120 Seeleute ein nasses Grab fanden. Am 15. März des selben Jahres kenterte ein Schoner im schweren Seegang vor Hörnum. 84 Matrosen fanden im aufgewühlten Meer ein nasses Grab, nur acht Männer überlebten. Im Dezember 1703 liefen gleich vier Schiffe vor Hörnum auf Grund, 38 Menschen ertranken.

Seit den ersten gesicherten Aufzeichnungen im Jahre 1668 strandeten vor Sylt rund 380 Schiffe. Das letzte große Schiffsunglück ereignete sich am 14. Januar 1909, als der englische Dampfer „Fidar" vor Hörnum auf Grund lief und die gesamte Besatzung umkam.

AUF TÖDLICHEM KURS

Inmitten des Ersten Weltkriegs unterlief dem Oberleutnant zur See Wilhelm Löding ein folgenschwerer Fehler. Am 1. Mai 1916 befand sich das deutsche Torpedoboot „S 123" auf Patrouille vor Sylt, als der Kommandant des gut 60 Meter langen, mit Artillerie-Geschützen und Torpedorohren ausgerüsteten Schiffs den falschen Kurs einschlug. Bei List lief die „S 123" auf die eigene deutsche Minensperre und sank. Von den 59 Mann Besatzung konnten nur 32 gerettet werden.

DER UNTERGANG DER „KÖNIGIN LUISE"

Ihr Dasein währte gerade einmal zwei Jahre: 1913 hatte die „Königin Luise" Stapellauf und wurde von der HAPAG-Reederei als Seebäderschiff in Dienst gestellt. Fortan verkehrte der Dampfer auf der Route zwischen Hamburg und Hörnum. Am 1. August 1914, die „Königin Luise" legte auf ihrem Weg nach Sylt gerade planmäßigen Stop vor Helgoland ein, war die Fahrt unvermittelt zu Ende. Der Erste Weltkrieg hatte begonnen. Alle Passagiere wurden ausgebootet, das Schiff dampfte nach Wilhelmshaven. Dort wurde es in aller Eile zu einem Minenleger umgerüstet, der am 4. August auslief.

Nur einen Tag später wurde die „Königin Luise" beim Legen einer Minensperre an der Themsemündung von britischen Kriegsschiffen gestellt und versenkt. Von der 120-köpfigen Besatzung

Die „Königin Luise" auf einem Werbeplakat der HAPAG-Reederei

überlebten 18 Männer. Sie wurden an Bord des gegnerischen Kreuzers „Amphion" genommen und in den Hafen von Harwich gebracht. Tragische Ironie des Schicksals: Am folgenden Tag lief die „Amphion" auf zwei jener Minen, die von der „Königin Luise" gelegt worden waren, und sank binnen weniger Minuten.

„ALLE MANN VON BORD!"

„Mein Sohn lebt? Ich kann es noch gar nicht fassen. Ich bin ja so glücklich!" Tränen strömen über das Gesicht von Liesel Silbernagel an jenem Schicksalstag im Jahre 1966. Soeben hat sie erfahren, dass ihr Sohn Peter den Untergang des U-Boots „Hai" überlebt hat, als einziges von 20 Besatzungsmitgliedern. Peter Silbernagel zog wenige Jahre nach dem Unglück auf die Insel Sylt. Jeder Spaziergang am Meer weckt noch heute Erinnerungen an den 14. September 1966. Jener Tag, der ihm ein zweites Leben schenkte.

Rückblende: Ein kräftiger Sturm peitscht am Abend des 14. September 1966 über die Nordsee. Zwischen Dänemark und England kämpfen sich vier Schiffe durch das aufgewühlte Meer. Die U-Boote „Hai" und „Hecht" sind mit zwei Begleitbooten auf Übungsfahrt. Es sind noch hundert Kilometer bis zur englischen Küste. Durch die fünf Meter hohen Wellen driftet der kleine Verband immer weiter auseinander. Schließlich verliert sich der Sichtkontakt.

Kurz nach 22 Uhr registriert der Maschinist der „Hai" Wassereinbruch. Binnen Minuten ist der Dieselraum geflutet, das dicht unter der Wasseroberfläche fahrende Boot wird hecklastig. „Alle Mann von Bord!", lautet der letzte Befehl des Kommandanten. Peter Silbernagel erinnert sich: „Ich rannte zur Ausstiegsluke im Turm des Boots. Vor mir sprangen andere Kameraden ins Wasser, ich hechtete als letzter hinterher. Nach mir kam keiner mehr raus."

Der 23-jährige Obermaat ist gerettet. Vorerst. Noch ahnt er nicht, dass ihm eine zehnstündige Odyssee bevorsteht. Hilflos treibt er mit seiner Schwimmweste in den Wogen. „Ich versuchte alles, um mich über Wasser zu halten. Und ich hatte furchtbaren Durst." Dass er ein passionierter Schwimmer ist, rettet dem Schiffbrüchigen das Leben; im Sommer pflegte er nach Dienstschluss bis zu drei Stunden täglich im Meer zu schwimmen. Um 8 Uhr wird Silbernagel am nächsten Morgen von einem Trawler aus der See gefischt und mit dem Hubschrauber ins Krankenhaus geflogen. Unmittelbar nach seiner Einlieferung bricht er erschöpft zusammen.

Wenige Tage später erscheint in mehreren Zeitungen eine Anzeige des U-Boot-Kommandos Eckernförde. „In tiefer Trauer gedenken wir unserer Kameraden." Dann folgen 19 Namen. Die „Hai" wird erst elf Jahre später aus 47 Metern Tiefe gehoben. Peter Silbernagel fährt noch vier Jahre zur See, auch auf U-Booten. Dann zieht er nach Sylt, wo der heute 62-Jährige bis zum Renteneintritt als Koch in einem Kurheim arbeitete.

Wenige Monate vor der Tragödie: Das U-Boot S 170 („Hai") pflügt durch die Wellen der Nordsee

KUTTER AUF GRUND

Es ist 20.45 Uhr, als auf der „Möwe" plötzlich das Licht ausgeht. Der Kutter ist an diesem 25. Februar 2007 nachmittags vom hundert Kilometer entfernten Heimathafen Friedrichskoog ausgelaufen und tuckert jetzt etwa zwölf Seemeilen westlich von Hörnum. Mit Taschenlampen schauen die beiden Fischer im Maschinenraum nach dem Rechten. Dichter Qualm schlägt ihnen entgegen. Das Feuer breitet sich rasend schnell aus, in Panik besteigen die beiden Männer die Rettungsinsel. Es bleibt keine Zeit mehr, über Funk einen Notruf abzusetzen. Doch die Fischer haben Glück: Schon wenig später werden sie von einem anderen Krabbenkutter an Bord genommen. Der havarierte Kutter jedoch ist nicht mehr zu retten: Um 1.40 Uhr sinkt die „Möwe".

„LUCKY FORTUNE" – GLÜCK IM UNGLÜCK

Am 3. Dezember 1999 fegt ein Jahrhundertsturm über die Nordsee hinweg. „Anatol" bringt mit 190 Stundenkilometern in der Spitze an Land Menschen zu Fall, hebt Dächer ab und knickt Bäume wie Streichhölzer. Auf dem Meer schlagen die Wogen hoch. Nur neun Seemeilen westlich von Sylt treibt das 185 Meter lange chinesische Frachtschiff „Lucky Fortune" mit Maschinenschaden hilflos in den bis

Spielball der Wellen: Das Frachtschiff „Lucky Fortune"

zu acht Meter hohen Wellen. An Bord: 1200 Tonnen Schweröl. Kommt es nach dem Sturm womöglich auch noch zu einer Umweltkatastrophe? Am nächsten Morgen um 5.30 Uhr gelingt es dem Hochseeschlepper „Oceanic", den Havaristen in Schlepptau zu nehmen und die Gefahr einer Strandung zu bannen. Später wird das Seeamt Kiel im Untersuchungsbericht feststellen, dass „zu wenig Ballast an Bord der 'Lucky Fortune', keine umsichtige Reiseplanung und ungenügende Sprachkenntnisse seitens der Besatzung die Krisensituation herbeigeführt haben".

DAS WRACK DER „WEST-GAMMA"

Seit dem Sommer 1990 ist die Ölbohr-Wohn-plattform „West Gamma" unbewohnbar. Denn sie liegt auf Grund. Am 21. August 1990 sank die rund 60 Seemeilen westlich von Sylt positionierte Plattform in einem schweren Sommersturm. Die etwa hundert Meter lange und ebenso breite Kon-struktion schlug in 44 Meter Tiefe auf den Mee-resgrund auf. Da die Aufbauten bis zu 23 Meter unter die Wasseroberfläche ragten, stellte das Wrack, das zudem mehrere Tonnen Öl verlor,

Sank im Sommersturm:
Die Plattform „West-Gamma"

fortan eine erhebliche Gefahr für die Schifffahrt dar. Eine Bergung wurde aufgrund der immensen Kosten verworfen – stattdessen wurden Teile der Plattform abgebaut. Die „Atair", ein Mehrzweckschiff für Wracksuche und Seevermessung, untersucht seitdem re-gelmäßig die Lage der Plattform.

EIN STUMMES MAHNMAL IM MEER

Ein Schuss fällt. Dann noch einer. Immer wieder knallt es an diesem und den folgenden Tagen am Hörnumer Strand. Die Sylter Waidmänner sind auf der Pirsch. Doch diese Jagd bereitet ihnen kein Vergnügen. Es sind Dutzende verölter Vögel, die sie von ihren Qualen erlösen. Auch Mitarbeiter der Kurverwaltung Hörnum sind unterwegs. Mit Schaufeln heben sie dicke, schwarze Klumpen aus dem Sand. Das Wasser schimmert trübe. Öllachen driften an den Flutsaum. Im Sylter Tierheim schrubben derweil vier Mitarbeiter unentwegt Vogelleiber mit Neutralseife ab, doch die Überlebenschancen sind

ungewiss. Einige Trauerenten ho-cken dicht beieinander, und wie sie da still leiden und ständig versu-chen, das verölte Gefieder mit dem Schnabel zu reinigen, tragen sie ihre Namen nur zu recht.

Eine schmutzige Angelegenheit:
Im Sylter Tierheim wurden unentwegt
verölte Vögel gesäubert

65

Die Ursache des Leids trägt den Namen „Pallas". Am 25. Oktober 1998 kreuzt der Frachter etwa 70 Seemeilen nordwestlich von Sylt. Das unter der Flagge der Bahamas fahrende Schiff transportiert Schnittholzpakete, die es fünf Tage zuvor in Schweden geladen hat. Ziel ist das marokkanische Casablanca. Doch die „Pallas" wird den Hafen nie erreichen. Es herrscht schwere See, als gegen 14.30 Uhr im Laderaum ein Feuer ausbricht. Vergeblich versucht die Crew, den sich schnell ausbreitenden Brand zu löschen. Panik macht sich breit an Bord, eilig besteigt die Mannschaft das Rettungsboot. Doch das ist nicht vorschriftsmäßig arretiert. Beim Wegfieren kippt das Boot und schlägt gegen die Bordwand. Schreiend stürzen die Männer in die Fluten. Ein Besatzungsmitglied wird schwer verletzt, der Schiffskoch erschlagen.

Die „Pallas" ist nun unbemannt und niemand vermag einzuschätzen, wohin die Reise geht. Erfolglos versuchen andere Schiffe, den brennenden Frachter abzuschleppen – zu

Brennend treibt die „Pallas" übers Meer

hoch schlagen die Schaumkronen, zu kräftig bläst der Sturm. Als Spielball der Wellen treibt die „Pallas" an Sylt vorbei und nimmt unbeabsichtigten Kurs auf Amrum. Am 29. Oktober um 9 Uhr hat das Schiff erstmalig Grundberührung. Wenige Stunden später sitzt es südwestlich von Amrum fest. Die 2500 Tonnen Holz an Bord geben dem lodernden Feuer dauerhaft Nahrung: Es braucht ganze vier Wochen,

bis der Brand endgültig gelöscht ist. In dieser Zeit treten aus dem Wrack etwa 80 Tonnen Öl aus. Allein an Sylts Stränden werden von November bis Anfang Januar 3613 tote Ölvögel eingesammelt. Insgesamt forderte die „Pallas"-Katastrophe in der Vogelwelt an die 15.000 Opfer.

Erst Mitte November gelingt es der niederländischen Hubinsel „Barbara", das restliche Öl nach und nach aus dem Schiffskörper abzupumpen. Eine vollständige Bergung des Wracks ist indes unmöglich, da es auseinander zu brechen droht. Bis heute ist der Torso der „Pallas" bei Ebbe gleichsam als stummes Mahnmal sichtbar.

„ADOLPH BERMPOHL" – DER TOD DER RETTER

„Drei Mann Besatzung vom Kutter 'Burgemeester van Kampen' fünf Seemeilen Nord-Nordost von Helgoland aufgenommen." Dies war der letzte Funkspruch des Seenotrettungskreuzers „Adolph Bermpohl" an die Küstenfunkstelle Norddeich-Radio. Danach herrscht Schweigen im Äther, während an diesem 23. Februar 1967 ein schwerer Sturm über die Nordsee fegt. Am nächsten Vormit-

Die „Adolph Bermpohl" am Tag nach der Katastrophe – führerlos über das Meer treibend

tag entdeckt ein anderer Seenotrettungskreuzer die „Adolph Bermpohl". Sie treibt mit laufender Maschine 13 Seemeilen südöstlich von Helgoland. An Bord aber ist keine Menschenseele.

Zwischen 1979 und 1989 ist ein schnittiges Schiff der Blickfang im Lister Hafen und dient den Urlaubern als willkommenes Fotomotiv. Kaum einer ahnt jedoch, welches Schicksal diesem Rettungskreuzer Jahre zuvor widerfahren ist – an jenem unheilvollen 23. Februar 1967. Seinerzeit war die „Adolph Bermpohl" noch vor Helgoland stationiert. Erst zwei Jahre sind seit dem Stapellauf vergangen, doch der Kreuzer hat sich bereits vielfach bewährt: 184 Menschen wurden dank seiner Hilfe aus Seenot errettet. Und an diesem Tag werden weitere hinzu kommen, erahnen die Retter. Denn draußen tobt Orkan „Xanthia" mit bis zu 150 Stundenkilometern über die Deutsche Bucht und türmt die Wellen acht Meter hoch.

Bereits seit dem Vormittag ist die „Adolph Bermpohl" im Dauereinsatz. Gegen 16.15 Uhr erreicht sie ein neuerlicher Notruf: Der niederländische Fischkutter „Burgemeester van Kampen" meldet Wassereinbruch und droht zu sinken. Mit Volldampf pflügt die „Adolph Bermpohl" durch die Wogen, 2400 PS treiben das 27 Meter lange Schiff an. Als der Havarist erreicht ist, wird schnell klar: Ein Abschleppmanöver ist bei dem hohen Wellengang nicht möglich. Vormann Paul Denker beschließt, das Tochterboot „Vegesack" auszusetzen. 45 Minuten und zahllose präzise Manöver im Sturm braucht es, dann sind die drei Fischer endlich an Bord der „Vegesack". Doch eine Rückkehr zur „Adolph Bermpohl" gestaltet sich wegen des Wellengangs unmöglich. Im Windschatten des Kreuzers tuckert das Tochterboot gen Helgoland. Die Rettung ist abgeschlossen. Um 18.20 Uhr sendet die „Adolph Bermpohl" noch einen Funkspruch. Den letzten.

Nach dem führerlosen Rettungskreuzer wird in der Nacht zum 25. Februar auch das Tochterboot gefunden. Es treibt kieloben. Die Suche nach den vier Besatzungsmitgliedern und den drei Fischern bleibt zunächst erfolglos. Erst Wochen und Monate später treiben ihre Leichen an.

Was am Unglückstag genau geschehen ist, das lässt sich nur vermuten: Wahrscheinlich wurde während der Rückfahrt nach Helgoland doch noch ein Versuch unternommen, die „Vegesack" an Bord zu ziehen. In dieser Situation könnte eine besonders hohe Sturzwelle über die beiden Schiffe hereingebrochen sein und alle Männer ins Wasser gerissen haben.

Den ertrunkenen Besatzungsmitgliedern Paul Denker, Hans-Jürgen Kratschke, Otto Schülke und Günter Kuchenbecker zu Ehren wurden in den folgenden Jahren vier neue Schiffe der Deutschen Gesellschaft zur Rettung Schiffbrüchiger benannt. Die „Adolph Bermpohl", die das Unglück nahezu schadlos überstand, hielt zunächst weiter vor Helgoland und ab 1979 im Lister Hafen Wacht. 1989 stellte die Deutsche Gesellschaft zur Rettung Schiffbrüchiger den Kreuzer außer Dienst und verkaufte ihn an den finnischen Seenotrettungsdienst. 2001 wurde das Schiff verschrottet.

Zugunglücke

Der Dammbau fordert seine Opfer

*Lorenzüge karrten neues Baumaterial auf den Damm –
und waren eine Gefahr für unachtsame Arbeiter*

Drei Jahre lang schufteten bis zu 1500 Arbeiter im Watt, verbauten in dieser Zeit 3,2 Millionen Kubikmeter Erdboden nebst 320.000 Tonnen Basalt und Kies. Dann endlich war die Nabelschnur zwischen Sylt und dem Festland geknüpft: Der Hindenburgdamm. 25 Millionen Reichsmark kostete das Mammutprojekt – und einige Arbeiter kostete es sogar das Leben. Zwei von ihnen ertranken im August 1925 beim Baden, ein anderer verstarb im Juni 1926 nach einer 20-stündigen Schicht erschöpft an Herzversagen. Aber auch die Lorenzüge, die unentwegt neues Baumaterial herankarrten, stellten eine Gefahr dar: Am 27. Juli 1926 wurde „um 6 Uhr abends eine Trauerfeier unter Anteilnahme der gesamten Arbeiterschaft vollzogen". Sie galt einem jung verheirateten Bremser, „der von einem Lorenzug, dem er selbst noch das Zeichen zur Abfahrt gegeben hatte, unbemerkt überfahren wurde". Drei Monate später wurde ein Heizer zu Grabe getragen – erschlagen von einer umgestürzten Lokomotive.

Und auch die Festlichkeiten am Tag der Dammeinweihung am 1. Juni 1927 – Reichspräsident Paul von Hindenburg persönlich gab sich die Ehre – wurden von einem tragischen Unfall überschattet: Einer der ersten Züge erfasste auf dem Damm einen Streckenläufer und schleifte die Leiche bis nach Klanxbüll mit.

Vom Autozug geweht

Am Abend des 16. Juli 1993 setzt sich ruckelnd der letzte Autozug dieses Tages von Niebüll nach Westerland in Bewegung. Die Fahrt verläuft planmäßig, der Hindenburgdamm ist fast überquert – da geschieht einen Kilometer vor Sylt das kaum Glaubliche: Eine heftige Sturmböe fegt einen nicht gesicherten Kleinlaster nebst Anhänger vom Flachwagen des Autozugs. Zehn Meter von den Schienen entfernt prallte das Gespann auf der Nordseite des Bahndamms auf der Basaltstein-Böschung auf.

Der Lokführer weit vorn hat von dem Unglück nichts bemerkt und setzt die Fahrt unbeirrt fort. Ein aufmerksamer Autofahrer jedoch beobachtet den Vorfall und setzt über sein Autotelefon einen Notruf ab. Minuten später eilen Einsatzkräfte des Deutschen Roten Kreuzes und der Feuerwehren aus Morsum und Westerland zur Unfallstelle. Die Notärzte finden zwei Schwerverletzte vor – nach der medizinischen Erstversorgung werden die Opfer auf Tragen behutsam Schritt für Schritt über die rutschige Basaltstein-Böschung zu den Rettungswagen transportiert. Beide Männer überleben.

Der völlig demolierte Kleinbus auf der Dammböschung

ENDSTATION VOR FAHRTBEGINN

Die Reisenden hatten einen langen Weg vor sich: Das schweizerische Basel sollte Endstation des „Intercity"-Zuges sein, der am Morgen des 5. September 1998 in Westerland bereit gestellt wurde. Doch die Fahrt endete, bevor sie überhaupt begonnen hatte.
Um 8.15 Uhr sollte der IC „Theodor Storm" vom Abstellgleis in den Westerländer Bahnhof vorfahren. Doch ein Bahnmitarbeiter legte versehentlich eine Weiche um, während der Zug diese noch passierte. Zwei Waggons schoben sich auf das etwa drei Meter entfernte Nachbargleis, knickten dabei einen Signalmast um und verkeilten sich mit den nachfolgenden Waggons. Hunderte von Reisenden mussten in den folgenden Stunden mit Bussen und Taxen zum Keitumer Bahnhof gefahren werden, während ein Spezialkran die Waggons entfernte. Der Sachschaden belief sich auf mehr als 200.000 Mark.

KOLLISION AM BAHNÜBERGANG

Mit einem dumpfen Knall schieben sich die Puffer der Lokomotive in die Blechkarosserie, schieben das Fahrzeug ein Stück weit vor sich her, bevor es ächzend die Böschung hinabrutscht. Es ist eine dramatische Szene, die sich einem Sylter Landwirt am Morgen des 17. Mai 2003 bietet. Der Bauer wartet mit seinem Traktor an einem unbeschrankten Bahnübergang zwischen Archsum und Morsum vor der blinkenden Signalanlage, als ihn plötzlich ein Opel „Astra" überholt. Offensichtlich übersieht die Fahrerin das Warnlicht und einen heran nahenden Zug, der ihr Auto frontal erfasst. Rettungshubschrauber fliegen die 75-Jährige und ihren 45-jährigen Beifahrer aus. Tage später erliegen beide ihren Verletzungen.

WEITERE UNFÄLLE

MISSLICHE VERWECHSLUNG

Einen skurrilen Jagdunfall dokumentierte der Sylter Chronist Henning Rinken. Hier sein Bericht: „1726, im Herbst, ging Boy Mochels in Morsum mit seinem Sohne hinaus, um Vögel zu schießen. Sie hatten sich dazu am Ufer niedergelegt, als Peter Baycken in ihre Nähe kam, sie gewahrte und, da er glaubte, dass es zwei Seehunde seien, auf sie los schoss und Boy Mochels sehr verwundete. Jedoch starb dieser nicht, konnte aber fortan nicht mehr zur See fahren. Peter Baycken aber musste die Genesungskosten tragen."

EIN DÜSTERES OMEN BEWAHRHEITET SICH

Von der Keitumer Kirche geht die Sage, dass beim Bau des Kirchturms von einer alten Hexe eine düstere Prophezeiung ausgesprochen wurde: Eines Tages werde die Glocke niederstürzen und den mutigsten Sylter Jüngling erschlagen, später dann auch der Turm zusammenstürzen und die schönste Jungfrau unter sich begraben. Tatsächlich verquickten sich drei Jahrhunderte später Legende und Wahrheit auf tragische Weise: Am zweiten Weihnachtstag des Jahres 1739 trieben die jungen Seeleute wie so oft ihren Schabernack und zogen in aller Herrgottsfrühe unablässig am Glockenseil, um die Keitumer aufzuschrecken. Auf einmal brach die Glocke aus ihren Angeln, stürzte in die Tiefe, schlug den Jüngling Sören Sörensen tot und zerschmetterte einem zweiten die Beine.

FAMILIENTRAGÖDIEN

Ein jeder hat im Leben bekanntlich seine Last zu tragen, doch manche bekommen ein besonders schweres Joch aufgebürdet. So etwa der Strandvogt Niß Taken, der zur Mitte des 18. Jahrhunderts in Rantum wirkte: Seine Mutter war als Hexe verschrien und wurde 1747 von einem wild gewordenen Pferd zu Tode getreten. Eines seiner Kinder ertrank in einem Teich, ein anderes wurde von einer Kuh zu Tode gestoßen. Ein weiterer Sohn ertrank auf hoher See und Niß Taken selbst erblindete früh. Trotzdem, so ein Zeitzeuge, „blieb er bis ins hohe Alter ein frommer Mann, der seine Pflichten treu erfüllte".
Ein ähnlich schweres Schicksal musste geraume Zeit später die Morsumerin Anna Johannsen erdulden: Ihr Sohn Andreas fiel im Ersten Weltkrieg, ihr Sohn Peter ertrank im Alter von 19 Jahren und die zwölfjährige Tochter Pauline wurde Opfer eines tragischen Unglücks: Als sie Fische zu den Nachbarn brachte, zielte die 16-jährige Tochter des Hau-

ses im Scherz mit einem Gewehr auf sie, wobei sich ein Schuss löste und das Mädchen tötete. Der Bruder der Schützin war kurz zuvor auf der Jagd gewesen und hatte das versehentlich noch geladene Gewehr achtlos in die Ecke gestellt. Nun machte er sich große Vorwürfe und wanderte bald darauf nach Amerika aus.

Die Leiche am Dünenfuss

Im Jahre 1782 verschlug es einen mittellosen Kunstmaler vom Festland nach Rantum, wo er bei der wunderlichen Maren Wullis Quartier fand. Am Mittag des Silvestertages wanderte der Gast nach Hörnum und kehrte nicht wieder. Man fand ihn am Neujahrsmorgen tot am Fuße einer Düne, von der er offensichtlich rücklings hinabgestürzt war und sich dabei das Genick gebrochen hatte. Auch mit Maren Wullis nahm es kein gutes Ende: In den folgenden Jahren versandete ihr Heim mehr und mehr, so dass zuletzt das halbe Haus in einer Düne steckte. Am 23. Oktober 1805 fand man die Alte tot im Sand ihrer Wohnstube liegen.

Ein Turm trägt Trauerflor

Bis zum Jahr 1953 zeigte sich der aus Bornholmer Klinkern erbaute Kampener Leuchtturm in unscheinbarem Gelb-Grau. Dann erst bekam er seine neue Farbgebung, wie wir sie heute kennen: Weiß mit einem schwarzen Ring in der Mitte. Die damaligen Arbeiten wurden indes von einem schweren Unfall überschattet – ein Maler war vom Gerüst gestürzt und hatte sich das Genick gebrochen. Deshalb sagten die Sylter Handwerker über den neuen Anstrich: „Der Turm trägt nun ein Leichenhemd mit Trauerflor."

Explosion im Eibenweg

Ein gewaltiger Knall zerreißt am 25. September 1979 um 11 Uhr die Stille im Tinnumer Eibenweg. Ein ganzes Einfamilienhaus sackt binnen Sekunden in sich zusammen, nur das Dach ist noch zu sehen. Später wird sich herausstellen: Im Heizungsraum war die Gasleitung explodiert. Wie durch ein Wunder überleben die drei Menschen, die sich zu diesem Zeitpunkt im Gebäude befanden: Eine ältere Frau wird schwer verletzt aus den Trümmern geborgen, ein Ehepaar aus Berlin, das gerade beim Frühstück saß, wird leicht verletzt. Durch die Explosion werden auch drei Nachbarhäuser in Mitleidenschaft gezogen. Der Sachschaden beläuft sich auf rund eine Million Mark.

Giftalarm am Strand

Neben Muscheln treibt im Januar 1994 tückisches Strandgut an die Ufer von Sylt und der übrigen Westküste Schleswig-Holsteins: In der Nacht vom 8. auf den 9. Dezember 1993 gehen dem Containerfrachter „Sherbro" bei schwerer See 88 Container über Bord. Einige brechen im hohen Wellengang auseinander. Wochen später treibt ihr brisanter Inhalt an die Strände: Kleine Tüten mit weißem Pulver. Es handelt sich um das hochgiftige Mittel „Apron plus", eine Saatbeize gegen Pilz- und Insektenbefall. Am 21. Januar 2004 treiben die ersten Beutel an der nordfriesischen Küste an. Es bleiben nicht die einzigen: Mehr als 8000 werden in den folgenden drei Wochen eingesammelt.

Ende eines Open-Air-Konzerts

Es sollte ein schöner Konzertabend werden – für ein Ehepaar aus Hamburg endete er verhängnisvoll. Es ist kurz vor Mitternacht an einem lauen Juliabend 1998, als es einen BMW „Z 3" nahe der Kampener Vogelkoje auf der Landstraße 24 aus der Kurve trägt.

Tragisch endete die Rückfahrt von einem Open-air-Konzert für den Fahrer dieses Sportwagens

Der Sportwagen überschlägt sich mehrmals, bevor er sich hundert Meter weiter zwischen einigen Kiefern verfängt. Der 34-jährige Fahrer wird aus dem Auto geschleudert. Vier Stunden später erliegt er seinen Verletzungen. Seine 36-jährige Ehefrau auf dem Beifahrersitz wird von der Feuerwehr schwer verletzt aus dem Autowrack geschnitten. Später offenbart sich: Überhöhte Geschwindigkeit und Alkoholgenuss führten zu dem Unfall.

Das Paar war auf dem Rückweg von List, wo der bekannte italienische Sänger Eros Ramazzotti am Abend ein Gastspiel gegeben hatte. Auf der Landstraße 24 staut sich der Verkehr nun kilometerweit. Aus den geöffneten Seitenfenstern vieler Autos klingt die Stimme Ramazottis, nunmehr von CD, und viele der Besucher des Open-air-Konzerts singen fröhlich mit. Sie wissen nicht, was sich ein Stück weiter vorn abgespielt hat.

„Dann raste die Feuerwalze auf uns zu"

Es sollte nur eine Routineübung sein – doch dann wurde daraus ein tragischer Ernstfall: Als der Leiter der Freiwilligen Feuerwehr Westerland und ein Kripobeamter im September 2001 im Keller eines Abbruchhauses benzingetränkte Strohballen mit einem Streichholz anzünden wollen, entsteht eine Verpuffung, eine riesige Stichflamme schießt ihnen entgegen. Mehrere hundert Grad Hitze dringen durch Schutzkleidung und Helm des Wehrführers. Auch der hinter ihm stehende Kripobeamte bricht mit schweren Verbrennungen zusammen.

Sekunden später tasten sich die ersten Helfer durch den dichten Qualm. Notärzte treffen ein, kühlen die verbrannte Haut der beiden Schwerverletzten mit Wasser und Gel. Die Ärzte in der Westerländer Nordseeklinik erkennen sofort, dass hier nur Spezialisten weiterhelfen können. Am Abend werden beide Brandopfer in eine Spezialklinik nach Hamburg ausgeflogen.

Tiefe Betroffenheit herrscht bei Feuerwehr und Polizei: „Wir sind alle geschockt", sagt ein Polizeibeamter, der die Explosion aus nächster Nähe miterlebte und zu Boden geschleudert wurde. Auch der stellvertretende Wehrführer vermag das Geschehene kaum zu fassen. „Eigentlich sollte die Übung bereits eine Woche vorher stattfinden. Doch dann haben wir sie wegen der Terroranschläge in den USA verlegt." Banges Warten bis zum nächsten Morgen – dann folgt das Aufatmen: Der Gesundheitszustand der beiden Patienten ist stabil. Doch beide sind durch großflächige Verbrennungen an Kopf, Oberkörper und Armen für ihr Leben gezeichnet.

In diesem Abbruchhaus fand die Feuerwehrübung statt, aus der plötzlich ein Ernstfall wurde

Ein Jahr später. „Ich bin dem Teufel von der Schippe gesprungen", sagt Rolf Johannsen. Der Kripobeamte wird nach monatelangem stationären Aufenthalt inzwischen ambulant behandelt. Noch genau erinnert er sich an jene schicksalhaften Sekunden: „Ich spürte einen Luftsog und hörte einen Knall. Dann raste auch schon die durch Benzingase entfachte Feuerwalze auf uns zu. Wir standen in einem Flammenmeer." Welche Gedanken schießen einem da durch den Kopf? „Ich dachte: Jetzt wird's furchtbar. Und das muss dir ausgerechnet im letzten Berufsjahr passieren."

Die erste Zeit in der Brandintensivstation der Klinik Boberg ist äußerst schmerzhaft. Alle zwei Tage werden die Verbände gewechselt – unter Vollnarkose. Im Zimmer nebenan, abgetrennt durch eine große Glasscheibe, liegt der schwerverletzte Wehrführer. Mit Zeichensprache können sich die Leidensgenossen ein wenig verständigen. Im Laufe der folgenden Wochen stapelt sich bei Rolf Johannsen die Post auf dem Tisch. Viele Sylter nehmen Anteil. Eine Urkunde ist auch dabei. Von der Polizei, mit Gratulation zum 40-jährigen Dienstjubiläum.

Es brennt!

In Schutt und Asche

Vieles hat sich im Laufe der Zeit verändert, eines ist geblieben: Die Urgewalt des Feuers, das damals wie heute so manches Sylter Haus in Schutt und Asche legte. Die Sorge davor war stets groß, wie schon eine Anordnung des Sylter Landvogts aus dem Jahre 1820 belegt: „Zur Vermeidung von Strafe wird hiermit bekannt gemacht, dass die Schornsteine in gefahrlosem Stande und zwei Mal im Jahr gut gefegt werden sollen, auch in ihrer Nähe kein Korn und Feuerholz gelagert werden dürfen. Ferner, dass die Laternen in den Häusern gut verschlossen seien und bei jedem Hause ein Eimer mit Wasser zu stehen habe."

Aus dem Jahre 1851 ist ein Protokoll überliefert, das die Sylter Großbrände der vorausgegangenen 200 Jahre auflistet. Demnach gingen in diesem Zeitraum in Morsum 14 Häuser in Flammen auf, in Archsum eines, in Keitum sieben, in Tinnum fünf, in Westerland fünf, in Wenningstedt vier, in Braderup zwei, in Kampen eines, in Rantum eines und in List eines – somit wurden 41 Gebäude ein Raub der Flammen.

Der frühe Chronist Henning Rinken hat die tragischen Vorfälle dokumentiert. Nachzulesen ist dabei unter anderem dies: „1657, des Sommers, brannte das Haus von Lorens Mannes in Morsum ab, wobei dieser selbst dabei ums Leben kam. 1827, am 12. Juni, wurde das Armenhaus in Westerland von einem Feuer verwüstet, wobei ein Greis von 80 Jahren verbrannte. Am 15. Juli 1855, des Nachts gegen 2 Uhr, stand in Kampen das Haus von Ebe Bleicken in vollen Flammen und nichts wurde gerettet, nur die Frau mit zwei Kindern kamen noch nackend heraus."

Oftmals waren Fahrlässigkeiten bei der Feuerung – die eingemauerten Öfen in den Friesenhäusern wurden mangels Baumbestand auf der Insel mit Heidesoden, Schafmist und Kuhfladen gespeist – Auslöser für die Brandkatastrophen. Am 11. November 1903 zeigte der Tinnumer Gendarm dem Amtsvorsteher an, dass „gestern Nachmittag im Schulgebäude in Tinnum Feuer ausbrach, welches schnell um sich griff, so dass das Schulhaus und die Wohnung der Lehrerin mit ungefähr sämtlichem Mobiliar verbrannt sind. Ich nehme an, dass sich die Lehrerin in einem Raum, in dem Heidekraut zum Anzünden des Ofens gelagert wird, wegen der Dunkelheit eines Streichholzes bedient hat und dieses dann unvorsichtig ins Heidekraut geworfen hat."

Einer der verheerendsten Großbrände, den Sylt bis dato erlebt hatte, wütete am 19. September 1911. Er zerstörte an der Westerländer Promenade vier der insgesamt sieben Strandhallen, die für die Restauration der Gäste dienten. Dass die Gebäude aus Holz er-

In rasender Geschwindigkeit griffen die Flammen
1911 von einer Strandhalle zur nächsten über

baut waren und auch auf Holzpfählen ruhten, gab dem Feuer reichlich Nahrung. Die Zeitung berichtete über die Geschehnisse: „Am Morgen gegen 8 Uhr ging die Strandhalle von Ostermann plötzlich in Flammen auf. Mit rasender Schnelligkeit griff das Feuer um sich und sprang schon in der nächsten Viertelstunde auf die Halle von Carlton über, die im selben Moment in Flammen stand. Die Feuerwehr machte verzweifelte Anstrengungen, um das Feuer von der nächsten Strandhalle „Zum Deutschen Kaiser" abzuhalten, doch kurz vor 9 Uhr stand auch diese in Flammen. Von hier griff das Feuer bald auf die vierte Strandhalle über. Es war ein schaurig-schönes Schauspiel zu beobachten, wie sich das Feuer stets über eine ganze Halle ausbreitete und dann zur nächsten übersprang. Nach nur einer Stunde waren alle vier Hallen niedergebrannt. Zum Glück nur waren die hinter den Hallen liegenden Logierhäuser durch die Dünen geschützt." Ein Augenzeuge schrieb ebenfalls seine Eindrücke nieder: „Ich schlenderte des Morgens in friedlichster Ferienstimmung zum Strand und setzte mich auf eine Bank, als ich plötzlich aus einer Strandhalle Rauch aus dem Dach steigen sehe. Jäh sprang das Feuer auf die anderen Hallen über und ihre Besitzer fanden nicht einmal die Zeit, das Geschirrsilber oder anderes zu bergen."

Während Sylt von den beiden Weltkriegen weitgehend verschont blieb – nur vereinzelte Luftangriffe mit Brandbomben lösten Feuer aus –, hielt die Nachkriegszeit die Sylter Feuerwehren auf Trab: „In Westerland waren jede Menge Holzbaracken als Flüchtlingsunterkünfte hergerichtet worden, da entstanden oft genug Brände durch die vielen einfachen Öfen. Mensch, da haben wir 'ne Menge Rauch geschluckt", erinnerte sich ein altgedienter Feuerwehrmann noch viele Jahre später.

Am vorletzten Tag des Jahres 1950 trifft es das Westerländer Rathaus. Es ist sechs Minuten nach Mitternacht, als das Heulen der Feuersirenen die Bürger der Stadt aus dem Schlaf schreckt. Hunderte von ihnen verlassen ihre Wohnungen und gehen der Sache auf den Grund. Bald bilden sich Menschentrauben um das Rathaus, aus dessen Dach dichte Qualmwolken in den nächtlichen Himmel aufsteigen. Die Westerländer Feuerwehr rückt mit drei Löschzügen an, wenig später eilen auch die Wehren der umliegenden Dörfer zu

Hilfe. Doch auch sie können nicht verhindern, dass der gesamte Dachstuhl zerstört wird und mit ihm unwiederbringliche Schätze des eingelagerten Sylter Archivs. „Von 410 Fächern mit Archivalien gingen 329 verloren – das ist ein Papierberg von 110 Metern Höhe!", vermerkte die „Sylter Kurzeitung". Ironie des Schicksals: Die Kriegswirren hatte das Archiv zuvor schadlos überstanden: 1944 war es zum Schutz vor Luftangriffen in ein Salzbergwerk bei Heilbronn in 200 Metern Tiefe eingelagert und 1947 wieder nach Sylt verfrachtet worden.

1969, die Nacht zum 7. Dezember: Es brennt in Kampen, doch die Feuerwehrmänner fröstelt es. Zunächst erschwert ihnen dichter Nebel die Anfahrt zum Hotel „Walters Hof", das lichterloh in Flammen steht. Doch nun beginnt das eigentliche Ungemach erst: Bei einer Temperatur von minus 10 Grad frieren die Strahlrohre ein. Das Löschwasser gerinnt schnell zu großen Eisflächen, die jeden Schritt zu einer Rutschpartie machen. „Bei vielen Kameraden waren die Uniformen durch die Nässe so steif gefroren, dass sie sich kaum mehr bücken konnten. Heißer Tee und Kaffee waren der einzige Lichtblick", resümierte der Wehrführer schlotternd.

Ohne Schall und Rauch ins neue Jahr: Bereits seit 1980 ist das traditionelle Silvester-Feuerwerk auf der gesamten Insel strikt verboten und wird lediglich an den Stränden geduldet. Und das aus gutem Grund: Zum Jahreswechsel 1978/1979 war in Alt-Westerland

1999: Sechs Stunden lang bekämpft die Feuerwehr den Brand in der Westerländer Kurverwaltung

eine Rakete auf dem reetgedeckten Dach eines Hauses gelandet. Wenig später stand das Anwesen lichterloh in Flammen. Es war nicht der erste Großbrand in einer Silvesternacht auf Sylt, schon mehrfach hatte der Wind Raketen irrgeleitet. Und so sahen Hausbesitzer und Feuerwehrleute der letzten Nacht des Jahres stets mit gemischten Gefühlen entgegen. Eine Eingabe von Westerländer Bürgern führte dazu, dass die Stadt Westerland ab 1979 Feuerwerk untersagte, ein Jahr später schlossen sich die übrigen Inselgemeinden der Regelung an. Wenn es auf Sylt in der Silvesternacht also heute tatsächlich knallt, dürfte es sich vornehmlich um Champagnerkorken handeln…

Es ist der frühe Morgen des 24. Oktober 1999, als ein Gast eines angrenzenden Hotels Rauchschwaden über dem Lesesaal der Westerländer Kurverwaltung bemerkt und den Notruf wählt. Als die Westerländer Feuerwehr eintrifft, schlagen bereits Flammen aus dem unmittelbar an der Kurpromenade gelegenen Gebäudekomplex. Vor Hunderten von Schaulustigen bekämpfen letztlich sechs Feuerwehren mit hundert Einsatzkräften und zwanzig Fahrzeugen den Brand, der erst nach sechs Stunden gänzlich erstickt werden kann. Während ein Übergreifen der Flammen auf das angrenzende Kurzentrum durch das Schlagen einer Brandschneise verhindert werden kann, ist die Kurverwaltung nicht mehr zu retten. Noch Tage nach dem Brand mutet die Szenerie der Brandruine wie ein apokalyptisches Gemälde an: Zwischen verkohlten Balken ragen verrußte Computer, geschwärzte Zimmerpflanzen, geschmolzene Kaffeemaschinen hervor; draußen transportieren Bagger Aktenberge ab, die aus den Trümmern gerettet werden konnten. Auf 7,5 Millionen Mark beläuft sich der Sachschaden, der aller Wahrscheinlichkeit nach durch

den technischen Defekt einer Kaffeemaschine ausgelöst wurde. Bis zur Fertigstellung des Neubaus müssen die Mitarbeiter der Kurverwaltung mit einem Provisorium vorlieb nehmen: Im nahe gelegenen Kurmittelhaus werden vormalige Umkleidekabinen und Massageräume notdürftig zu Büros umfunktioniert.

Improvisation ist alles: Ein Bagger bringt Akten aus den Büros der Kurverwaltung in Sicherheit

Ursache: Brandstiftung

An einem grauen Novembertag des Jahres 1983 klingelt auf der Westerländer Polizeiwache das Telefon. Die Anruferin möchte mit der Kripo verbunden werden. Als ein Beamter der Sonderkommission „K 24" den Hörer abnimmt, sagt eine leise Stimme: „Ich befürchte, ich weiß, wen Sie suchen." Mit diesem Telefonat nimmt eine der dramatischsten Serien von Brandstiftungen ihr Ende, die Sylt je erlebt hat.

Am 24. Mai 1983 brennt es zum ersten Mal. Diesmal sind es nur zwei Müllsäcke, die in Flammen aufgehen, in den folgenden Wochen Gartenlauben und Lagerhallen, Heuschober und Lastwagen. Dann nimmt die Folge von Bränden, die sich auf den Raum Westerland und Tinnum konzentriert, eine dramatische Steigerung: Drei alte Friesenhäuser gehen in Flammen auf – darun-

1983 geht dieses Tinnumer Friesenhaus in Flammen auf – der Täter war ein Feuerwehrmann

ter auch ein schmuckes Reetdachhaus im Tinnumer Kampende nahe der Ortsgrenze zu Westerland. Kurz vor Mitternacht züngeln Flammen aus dem Reetdach des Gebäudes, das ein Jahr später 200 Jahre alt geworden wäre. Das schlafende Ehepaar kann sich noch gerade rechtzeitig ins Freie retten. Bis 4 Uhr dauern die Löscharbeiten an.

Die Bevölkerung ist aufs Höchste beunruhigt. Nachts patrouillieren Streifen der Polizei und der Feuerwehr durch die Straßen Westerlands. Besorgte Bürger engagieren auf eigene Rechnung Objektschützer, die in Begleitung von Wachhunden vornehmlich Reetdachhäuser sichern. Andere Hauseigentümer stellen in ihren Gärten gleißende Scheinwerfer auf, die die Gebäude nach Einbruch der Dunkelheit anstrahlen.

Sogar die Sterne werden in dieser Zeit des Bangens zu Rate gezogen. Ein Hobby-Astronom aus Hamburg, der regelmäßig auf Sylt den Urlaub verbringt, stellt am 23. November 1983 in der Sylter Tageszeitung eine Prognose, wann denn das nächste Ungemach drohe. Nachdem der Sternendeuter die Daten der bisherigen Brandstiftungen unter der

Konstellation der Gestirne beleuchtet hat, warnt er besonders vor dem 2. Dezember („Uranus steht in Konjunktion zur Erde, ein Tag später ist Neumond") sowie vor dem 16. und 20. Dezember. Doch der Mann wird seine Weitsichtigkeit nicht unter Beweis stellen können. Drei Tage, nachdem der Artikel in der Zeitung erschienen ist, wird der Täter gefasst. Dabei hat die eigens gebildete Sonderkommission „K 24" der Kripo im November – ein halbes Jahr ist bereits ins Land gegangen – noch immer nicht viel in der Hand. Genauer gesagt nur die verschmorten Utensilien einiger Brände. Diese verraten aber zumindest die Methodik des Täters: Aus sicherer Entfernung hat er benzingetränkte, brennende Stofflappen mit einem Wurfpfeil in die reetgedeckten Dächer der drei abgebrannten Häuser geschleudert. Die verkohlten Funde von den Tatorten werden von der Kripo in dem Schaufenster eines Geschäfts in der Westerländer Friedrichstraße ausgestellt. Groß ist die Hoffnung freilich nicht. Doch dann geschieht das Wunder: Eine Bezugsperson des Brandstifters glaubt eines der Ausstellungsstücke wiederzuerkennen. Der Verdacht, der sie bereits seit geraumer Zeit nährte, scheint nun zur Gewissheit zu werden. Die Frau ringt mit sich. Schließlich greift sie zum Telefon.

Carsten Keppler* gilt als ruhiger Zeitgenosse. Er hat eine Lehre als Technischer Zeichner abgeschlossen, pflegt seinen Freundeskreis, spielt in seiner Freizeit ein Blasinstrument – und ist Mitglied der Freiwilligen Feuerwehr Westerland. Jetzt wird der Kripo auch klar, warum die Patrouillen der vergangenen Wochen ergebnislos blieben: Der Beschuldigte war über die Routen genau informiert. 21 Brandstiftungen werden dem bescheiden wirkenden, hageren Mann zur Last gelegt. Im ersten Verhör gesteht der 20-Jährige dem Haftrichter zunächst sechs Taten, später gibt er weitere zu.

Die Sylter Tageszeitung notiert: „Das große Aufatmen ging über die Insel, nachdem sich die Verhaftung des gesuchten Brandstifters in Windeseile herumgesprochen hat. Der Beschuldigte sagte bei der Vernehmung aus, dass er gerne als Feuerwehrmann zum Einsatz kommen wollte. Wie sich herausstellte, hatte er bei einem von ihm gelegten Brand seine Feuerwehrkameraden sogar selbst gerufen."

Doch nicht nur in der jüngeren Zeit sorgten Brandstiftungen auf Sylt für Aufsehen – sie reichen vielmehr früh zurück. Dokumentiert ist etwa dieser Vorfall: „Am 10. Februar Anno 1757 wurden einige Keitumer des Nachmittags gewahr, dass die Scheune von Schwenn Jensen brannte. Am folgenden Tage wurden beim Nachsuchen einige Kohlen und anderes mehr zum Anstecken gefunden."

Zu einer massiven Häufung von Brandstiftungen kam es in der zweiten Hälfte des vorigen Jahrhunderts. So beunruhigte Wenningstedt-Braderup ab 1964 eine Serie von Brandstiftungen. Einer der gravierendsten Vorfälle: Am 26. November 1964 brannte in Braderup das Anwesen eines Zweithausbesitzers aus Baden-Baden ab. Wenige Tage später erreichte die Freiwillige Feuerwehr ein Brief des Bruders, dessen Reetdachhaus gleich nebenan stand. „Es erscheint mir wie ein Wunder, dass mein eigenes Haus keinen Schaden erlitten hat", schrieb der Absender und spendete der Feuerwehr neben seinem Dank 400 Mark. Bittere Ironie des Schicksals: Fast ein Jahr später, am 8. Oktober 1965, zündete der Brandstifter dann auch sein Haus an.

Das gleiche Schicksal erlitt 1967 eines der signifikantesten Häuser Westerlands. Erbaut hatte es im Jahre 1699 der tüchtigste aller Sylter Walfänger: Bereits im Alter von 24 Jahren brachte es Lorens de Hahn zum Walfangkommandeur, im Laufe von 29 Jahren erbeutete er 169 Wale – keinem anderen Sylter war ein solcher Erfolg beschieden. Als Lorens de Hahn 1699 heiratete, erbaute er am südlichen Ende Westerlands ein typisches Friesenhaus seiner Zeit, lang gestreckt und mit Reet gedeckt. Das Anwesen verfiel zum Schluss jedoch zusehends. 1967 erwarb das Freilichtmuseum Molfsee bei Kiel das Gebäude, um es im Original wieder aufzubauen. Doch während die mit vielen Malereien verzierte Innenausstattung noch unversehrt abtransportiert werden konnte, zündete ein Brandstifter das Haus gleich zwei Mal an. So musste es in Molfsee nach den alten Plänen originalgetreu nachgebaut werden.

Ab 1969 hielt eine unheilvolle Serie von Brandstiftungen das an historischen Friesenhäusern besonders reiche Keitum in Atem. Nach dem ersten Großfeuer ging im folgenden Jahr das Pastorat in Flammen auf, 1971 musste die Feuerwehr zu drei Großbränden und 1972 zu einem weiteren ausrücken. Erst dann hatte der Schrecken ein Ende: Der Täter wurde überführt – es war ein Bäckergeselle aus dem Dorf.

1971 fiel dieses Haus in Keitum einer Brandstiftung zum Opfer – der Täter lebte im Ort

Einer Trutzburg gleich wuchs 1933 der ausladende „Klenderhof" auf einer Kampener Düne empor. Nach dem Zweiten Weltkrieg erwarb der Zeitungsverleger Axel Springer den repräsentativen Sitz. Im Jahre 1972 spendierte Springer der Kampener Feuerwehr ein nagelneues Löschfahrzeug. Er konnte nicht ahnen, wie sehr ihm dieses Geschenk bald selbst von Nutzen sein sollte. Am 5. August 1973, einem regnerischen und stürmischen Sonntagmorgen, werden die Menschen in Kampen um 8 Uhr jäh aus dem Schlaf gerissen. Draußen heulen die Sirenen. Wie ein Lauffeuer spricht es sich im Dorf herum: Der „Klenderhof" steht in Flammen. Mit sechs Mann Besatzung rückt das erste Tanklöschfahrzeug aus. Weitere Einsatzkräfte aus Kampen, Westerland und Wenningstedt folgen im Minutentakt. Beim Eintreffen der Feuerwehr züngeln bereits die ersten Flammen aus dem Reetdach. Den Helfern gelingt es, in letzter Minute wertvolles Mobiliar und antiquarische Bücher zu bergen. Sturmböen und unzählige Schaulustige erschweren den Einsatz, doch nach zweieinhalb Stunden ist das Feuer unter Kontrolle. Während der Löscharbeiten werden zwei Brandsätze sichergestellt, die Kripo nimmt sofort die Ermittlungen auf. Doch die Täter, die man im Umfeld der damals aktuellen Anti-Springer-Kampagne vermutet, werden nie gefunden.

„Wann brennt auf Sylt das nächste Friesenhaus?", fragte eine große deutsche Tageszeitung im September 1988. In jenem und dem folgenden Jahr fielen auf der Insel mehrere Häuser einem Feuerteufel zum Opfer; unter anderem brannte am 6. Mai 1989 in Archsum ein historisches Friesenhaus nieder – just an jenem Tag, für den die örtliche Feuerwehr eigentlich einen fröhlichen Tagesausflug geplant hatte.

Im Frühjahr 1990 wird in Westerland binnen kurzer Zeit fünf Mal Feueralarm ausgelöst – vier Mal kann die Feuerwehr die Brände rechtzeitig löschen, ein altes Friesenhaus jedoch brennt vollkommen nieder. Beim fünften Anschlag fasst die Kripo den Brandstifter. Immer war der 25-Jährige als einer der ersten am Tatort. Das Motiv: Langeweile. Der junge Sylter war seit Monaten krank geschrieben und arbeitslos.

Selbst vor kirchlichen Einrichtungen machten Brandstifter nicht halt: Im September 1998 legte ein Großfeuer das Wenningstedter Pastorat in Schutt und Asche, der Sachschaden belief sich auf rund zwei Millionen Mark. Das Feuer war ausgerechnet an einem Sonn-

1998 legte ein Brandstifter das Wenningstedter Pastorat in Schutt und Asche

1990 brennt dieses Haus in Alt-Westerland ab. Das Motiv des Brandstifters: Langeweile

tag in aller Herrgottsfrühe gelegt worden. Als die Feuerwehren aus Wenningstedt, Kampen und Westerland gegen 6 Uhr am Pastorat eintrafen, stand das reetgedeckte Anwesen bereits lichterloh in Flammen. Kräftiger Wind begünstigte den Funkenflug, so dass die 70 Feuerwehrmänner alle Mühe hatten, die benachbarten Häuser vor einem Übergreifen der Flammen zu schützen. Erst nach drei Stunden war die Lage unter Kontrolle. Die Bewohner des Gebäudes – der Organist, seine Familie sowie vier Zivildienstleistende – hatten sich zuvor rechtzeitig in Sicherheit bringen können.

Auch das neue Jahrtausend nahm keinen guten Anfang: Gleich drei Kellerbrände loderten im Mai 2001 in Westerland auf: Außer in zwei Wohnhäusern zündelte der Brandstifter sogar in einem Altenheim. Die Rettungskräfte mussten dort über 50 Senioren evakuieren. Beim dritten Feueralarm fiel der Verdacht der Polizeibeamten auf einen jungen Mann, der sich in angetrunkenem Zustand in der Nähe des Tatortes aufhielt. Der 21-Jährige wohnte erst seit drei Wochen auf Sylt. Bereits am zweiten Tag nach seiner Ankunft hatte er das erste Feuer gelegt.

2001 brennt es in einem Altenheim – 50 Senioren müssen evakuiert werden

REISE INS VERDERBEN

ALEXANDRAS LETZTE REISE

Am 31. Juli 1969 schießt ein weißer Mercedes „220 SE Coupé" mit dem amtlichen Kennzeichen M-AN 835 vor der kleinen Ortschaft Tellingstedt in Dithmarschen ungebremst auf eine Kreuzung. Die Fahrerin missachtet die Vorfahrt und übersieht einen Lkw, der sich von rechts nähert. Der 32-Tonner zermalmt die Limousine. Die Fahrerin und ihre Mutter können aus dem Wrack nur noch tot geborgen werden, der kleine Sohn überlebt. Am Abend vermeldet die „Tagesschau" den tragischen Unfall der gesamten Nation: Eine Reise nach Sylt nahm für die bekannte Chansonsängerin Alexandra („Mein Freund, der Baum") und ihre Familie ein jähes Ende. Direkt nach der Aufzeichnung der ZDF-Fernsehsendung „Ein Hoch der Liebe" hatte die Sängerin beschlossen, zusammen mit ihrer Mutter und ihrem Sohn für drei Wochen nach Westerland zu fahren. Hamburger Freunde hatten ihr dort ein Ferienhaus zur Verfügung gestellt. Alexandras Schwester Melitta wartete bereits in Westerland auf die Ankunft der Familie.

Gab es eine dunkle Vorahnung? Erst wenige Wochen zuvor hatte Alexandra auf dem Münchner Waldfriedhof eine Grabstätte gekauft und ihr Testament verfügt. War es ein Unfall? Selbstmord? Sabotage? Die genauen Umstände um den Tod der 27-Jährigen wurden nie restlos aufgeklärt.

DER TOD DER TRAINERFRAU

Das kurze Gespräch, das er am letzten Junitag des Jahres 1979 mit einer Urlauberin führt, beunruhigt Karsten Zobel*, der als Hausmeister eine Appartementanlage in Westerland betreut. „Mir geht es nicht gut, ich glaube, ich werde mir das Leben nehmen", hatte Ulla Mechthagen* dem Mann anvertraut. Beschwichtigend redet er auf sie ein. Da lächelt die Frau wieder. Ist die Gefahr gebannt? Am Abend reisen Ulla Mechthagen und ihr Ehemann Fritz ab. Nachdenklich blickt Zobel der Limousine nach. Als der Hausmeister am nächsten Abend im Radio die Nachrichten hört, erstarrt er. Ulla Mechthagen ist tot. Dass dies dem Rundfunk eine Meldung wert ist, kommt nicht von ungefähr: Fritz Mechthagen* ist kein Nobody. Er war langjähriger Trainer eines großen Fußballvereins, den er in den 50-er Jahren sogar zur Deutschen Meisterschaft führte. Am 1. Juli 1979 betritt Notärztin Karin Ax* das in der Nähe von Hannover gelegene Haus der Mechthagens. Im Badezimmer findet sie eine Tote. Sie liegt neben der gefüllten Badewanne rücklings auf den Fliesen. Ein Fön summt. „Verdacht auf Stromtod" notiert Karin Ax auf dem Totenschein.

Hat Ulla Mechthagen ihre Ankündigung wahr gemacht? Die Staatsanwaltschaft sieht das anders. „Körperverletzung mit Todesfolge" lautet die Anklage gegen ihren Ehemann vor dem Landgericht Hannover. Der schildert die Ereignisse so: Am Vorabend sei das Ehepaar vom Sylt-Urlaub zurückgekehrt. Man habe sich im Fernsehen noch gemeinsam einen Western angeschaut und sei dann ins Bett gegangen. Am Morgen habe er seine Frau im Bad tot aufgefunden. In den folgenden 13 Prozesstagen zeigt sich: Die Ehe der Mechthagens war alles andere als glücklich. Fritz Mechthagen betrog und schlug seine Frau, die seiner Darstellung nach Alkoholikerin und tablettensüchtig war. Doch eine Schuld am Tod seiner Frau kann dem Angeklagten nicht nachgewiesen werden. In dubio pro reo – der Prozess endet mit einem Freispruch. Fritz Mechthagen überlebt seine Frau um zwölf Jahre. Er stirbt im Alter von 86 Jahren.

MORD IM COCKPIT

Ein Mord, der für den Täter die Konsequenz mit sich bringt, dass er dabei selbst ums Leben kommt – das ist bei Kriminalfällen nicht oft der Fall. Geschehen ist es so im Jahre 1996. Es ist der 13. Oktober, ein Sonntag. Vom Flughafen Hildesheim-Drispenstedt startet am Morgen eine Privatmaschine vom Typ „Beechcraft B 35". Das Ziel: Sylt. Der Pilot Georg Kramer*, zugleich Besitzer des Flugzeugs, hat bereits mehrere tausend Stunden Flugpraxis absolviert. Der Immobilienverwalter gilt als geselliger Typ. Regelmäßig fliegt er für Kurztrips übers Wochenende nach Sylt und nimmt auch gerne mal Freunde mit. An diesem Tag ist außer Kramers Freundin Lissy Theoboldt* auch ein befreundetes Paar mit an Bord. Der Bankangestellte Thomas Ludwig* und dessen Verlobte Sami Yilmez*. Auf Sylt unternehmen die beiden Paare einen ausgiebigen Strandspaziergang, danach speisen sie in einem Fischrestaurant. Am Nachmittag hebt die „Beechcraft" vom Flughafen Sylt ab.

Es ist kurz vor 18 Uhr, als sich Georg Kramer beim Tower in Hildesheim-Drispenstedt anmeldet. Was dann geschieht, schildern mehrere Zeugen so: Die Maschine steigt plötzlich steil nach oben, dann folgt ein lauter Knall, bevor das Flugzeug wie ein Stein vom Himmel fällt. Bernd Bredenborn* von der Staatsanwaltschaft Hildesheim hat an diesem Wochenende Rufbereitschaft. „Gerade saß ich mit meiner Frau beim Abendessen und freute mich, dass die Tage so ruhig waren. Da klingelte das Telefon." Als Bredenborn an der Unglücksstelle eintrifft, erwartet ihn ein schrecklicher Anblick: „In weitem Umkreis lagen die Trümmer verteilt." Wie konnte das Unglück geschehen, rätseln Bredenborn und die Spurensicherer. Womöglich hatte der Pilot einen Herzinfarkt erlitten, mutmaßen die Ermittler. Eine Obduktion der vier entstellten Leichen wird angeordnet. Das Obduktionsergebnis verblüfft alle: Georg Kramer hatte keinen Herzinfarkt – er war durch zwei Schüsse ins Genick und in den Rücken getötet worden.

Noch einmal wird die Absturzstelle akribisch abgesucht. Und tatsächlich findet sich die Tatwaffe, eine „Walther PPK" vom Kaliber 7,65. Die Pistole ist auf Thomas Ludwig zugelassen. Doch dieser scheidet aufgrund des Schusswinkels als Täter aus, da er neben dem Piloten saß. Bleiben die beiden Frauen im Fond. Ob Lissy Theoboldt oder aber Sami Yilmez die tödlichen Schüsse abgegeben hat, kann letztlich nicht geklärt werden. Ebenso wenig wie das Motiv. Dass Eifersucht im Spiel war, bleibt eine bloße Vermutung der Ermittler.

Die Leichen werden schließlich freigegeben und beigesetzt. Beim Trauergottesdienst für Georg Kramer verabschieden sich seine Freunde mit einem bekannten Lied des Sängers Reinhard Mey: „Über den Wolken muss die Freiheit wohl grenzenlos sein."

ESCHEDE, 10.59 UHR

Die Bilder sind noch immer gegenwärtig. Wie die Fernsehkameras über das Trümmerfeld auf den Gleisen schweifen. Wie Feuerwehrmänner Verletzte bergen und Tote mit Planen bedecken. Wie die Retter zupacken und doch so hilflos sind angesichts dieser kaum überschaubaren Katastrophe. Es ist der 3. Juni 1998, als sich der „ICE 884" auf dem Weg von München nach Hamburg um kurz vor elf Uhr dem niedersächsischen Städtchen Eschede nähert. Plötzlich bricht bei 198 Stundenkilometern Fahrt am hinteren Drehgestell des ersten Waggons ein Radreifen und reißt eine Weiche aus der Verankerung. Mehrere Waggons entgleisen und werden wie eine Ziehharmonika gegen einen Brückenpfeiler geschleudert. In der Folge bricht die Brücke über dem Zug zusammen. Die Zeiger der Uhr am Escheder Bahnhof stehen auf 10.59 Uhr. In den nächsten Stunden reißt das Heulen der Martinshörner nicht mehr ab. Zuletzt sind 1800 Helfer im Einsatz. Viele Opfer können sie nur noch tot aus den Trümmern bergen: Von den 287 Reisenden haben 101 das furchtbare Unglück nicht überlebt.

Viele von ihnen waren auf dem Weg in den Urlaub – auch nach Sylt. Am Nachmittag klingelt bei einer Wenningstedter Vermieterin das Telefon: „Der Sohn eines Ehepaares, das schon mehrmals bei uns den Urlaub verbracht hatte, war in Sorge. Doch wir warteten vergeblich. Tagelang rief der Mann immer wieder an, ob seine Eltern vielleicht doch noch eingetroffen seien. Erst dann wurden sie unter den Toten identifiziert."

In einer Trümmerlandschaft endeten die Fahrt des „ICE 884" und 101 Leben

In Würzburg bringt Harald Wedekind* am 3. Juni Ehefrau und Tochter zum Zug.

Die beiden freuen sich auf eine Woche Sylt. Ute Wedekind* hat für ihre Tochter Charlotte gerade im Speisewagen ein Eis geholt, als der „ICE" aus den Gleisen springt. Die Mutter wird zwischen den Sitzen eingekeilt. „Ich hatte Todesängste und habe nur noch geschrien: Helft mir!" Die zehnjährige Tochter gelangt unverletzt nach draußen. Später befreien Feuerwehrmänner Ute Wedekind aus ihrer misslichen Lage. Nach einwöchigem Krankenhausaufenthalt wird sie entlassen.

Auch Hanno Schimanski* und seine Frau Astrid sind am 3. Juni auf dem Weg nach Sylt. Am frühen Morgen sind sie am Münchner Hauptbahnhof am Gleis 19 in Waggon 4 eingestiegen. Ihre Plätze befinden sich vis-a-vis von Ute und Charlotte Wedekind. Zwei Wochen Sylt-Urlaub liegen vor dem Ehepaar, in der eigenen Ferienwohnung, die sie wenige Jahre zuvor erworben hatten. „Meine Frau ließ sich in den Sitz fallen: 'Jetzt beginnt unser Urlaub.' Sie war gedanklich wohl schon auf Sylt", erinnert sich Hanno Schimanski. „Vor allem meine Frau liebte die Insel. Die Weite des Meeres gab ihr Kraft für den Alltag."

Als der „ICE 884" auf Eschede zusteuert, schlummert das Ehepaar. Dann springen die Uhrzeiger auf eine Minute vor elf. Hanno Schimanski wird bei dem Aufprall nur leicht verletzt. Benommen klettert er durch ein zerborstenes Fenster ins Freie. Minuten später kriecht er zurück in Waggon 4. „Astrid sah aus, als würde sie schlafen. Doch mir war sofort klar, dass sie tot ist. Ich setzte mich neben sie und nahm Abschied. Uns blieb eine halbe Stunde. Dann kamen Helfer und führten mich ins Freie." Die Todesanzeige in der Heimatzeitung schmückt der Witwer mit einem Foto aus. Es zeigt ein Boot, das vor Sylt im Meer treibt. Darunter steht: „Verschwindet ein Boot hinter dem Horizont, so ist es nicht einfach weg. Aber wir sehen es nicht mehr."

Ein Opfer des Terrors

Hermann Schunk* war ein ausgemachter Sylt-Fan. Im stillen Braderup nannte der Wilhelmshavener seit 1989 ein schmuckes Friesenhaus mit Blick auf den Kampener Leuchtturm sein eigen. Wann immer es die Zeit zuließ, reiste er mit seiner Familie auf die Insel. Seine liebste Beschäftigung im Urlaub: Den großen Garten hegen und pflegen. Am 11. September 2001 checkte Schunk für eine Dienstreise an Bord des Fluges „UA 175" ein. Um 9.06 Uhr endete sein Leben über den Häuserschluchten von New York. „Vor sechs Wochen habe ich noch mit ihm und seiner Frau im Garten gesessen und geplaudert. Zum Jahresende wollte er in Rente gehen, darauf freute er sich schon so", berichtete seine langjährige Nachbarin in Braderup. Am Abend des 11. September klingelte ihr Telefon. Sie wandte sich ab vom Katastrophenszenario, das an diesem Tag unermüdlich über den Bildschirm lief, und griff zum Hörer. Sie hörte eine vertraute Stimme, schluchzend: „Es ist so furchtbar. Mein Mann saß in der zweiten Maschine, die in das 'World Trade Center' stürzte."

ERTRUNKEN IM MEER

LEICHEN AM STRAND

Wer heute am Sylter Strand entlang spaziert, dem spült das Meer Krebse und Muscheln vor die Füße. Früher konnte es auch schon mal eine Wasserleiche sein. 418 Tote zählte ein Sylter Chronist für den Zeitraum von 1600 bis 1870. Den Leichen schenkte man indes kaum Beachtung. Sie blieben üblicherweise liegen, bis sie der Flugsand bedeckte, oder wurden rasch in den Dünen verscharrt. Das änderte sich erst, als 1855 in Westerland der „Friedhof der Heimatlosen" angelegt wurde. Dort fanden die namenlosen Toten ihre letzte Ruhestätte. Bis 1905 wurden auf dem kleinen Friedhof 53 Wasserleichen bestattet. Doch fanden in den Wellen vor Sylt nicht nur fremde Seefahrer ein nasses Grab – oft genug traf es auch die eigenen Landsleute. Eine zeitgenössische Schilderung berichtet von einer solchen Katastrophe: „Am 14. März 1744 segelte der Schiffer Theide Bohn aus Morsum mit 92 Seefahrern von Sylt nach Amsterdam ab. In der Nacht erhob sich je-

Letzte Ruhestätte für Wasserleichen: Der „Friedhof der Heimatlosen"

90

doch ein heftiger Südweststurm mit Schneeböen. So kehrte Theide Bohn um und versuchte, an die Sylter Küste zu gelangen. Am Mittag des 15. März traf das Schmackschiff bei einer Entfernung von anderthalb Meilen westlich von Sylt eine heftige Böe, so dass sich der Mast beugte und das Schiff bald gänzlich kenterte. Nur acht Seefahrer konnten sich retten, 84 aber verloren ihr Leben. Es war ein höchst trauriges Ereignis, vor allem für die Morsumer, die 51 der ihrigen verloren. Viele Leichname wurden in den nachfolgenden Tagen an den Strand gespült, wo sie unter den Tränen ihrer Mütter und Bräute zu den Gottesackern gefahren wurden. In Morsum allein wurden an einem Tag 22 Tote beerdigt."

DER LANGSTRECKEN-SCHWIMMER

Er war ein rechter Teufelskerl: Otto Kemmerich, ein Wunder an Ausdauer. 1928 stellte der damals 32-jährige Extremsportler einen Weltrekord auf: Er blieb 46 Stunden im Wasser. Auch wenn er während des Marathon-Schwimmens wiederholt eingeschlafen war und die Orientierung verloren hatte, so bewerteten die Ärzte seinen gesundheitlichen Zustand nach dem glücklichen Finale als durchaus gut.

Viele seiner Langstrecken-Schwimmen startete der gebürtige Husumer am Sylter Strand. „Otto Kemmerich, der Mensch als Fisch" titelte die „Sylter Zeitung" etwa 1924. Damals war der Athlet von Hörnum bis Westerland geschwommen, „wobei eine tausendköpfige Menschenmenge den Strand belebte, als Kemmerich endlich in Sicht kam". In dem Element, in dem sich Otto Kemmerich am wohlsten fühlte, verlosch sein Lebenslicht: Bei dem Versuch, von Sylt nach Amrum zu schwimmen, ertrank er am 18. August 1952. Die Leiche des nunmehr 66-Jährigen wurde erst eine Woche später im Meer nahe Föhr geborgen, mit Schwimmflossen an den Füßen und einem Kompass in der Hand.

Wasser war sein Element:
Otto Kemmerich

NORDSEE IST MORDSEE

„Nordsee ist Mordsee" war der Titel eines Dramas, das die Zuschauer 1976 scharenweise in die deutschen Kinos lockte. Längst ist der Filmtitel an der Küste ein geflügeltes Wort, das die Gefahren des Meeres drastisch umschreibt. Das kann eine schwere Sturmflut sein, das kann auch die Gefahr des Ertrinkens bedeuten. Schon alte Aufzeichnungen bekunden etwa, dass „1835, am 8. Juni, ein 14 Jahre alter Knabe aus Westerland beim Baden am Strande ertrank und erst am 13. des Monats ein Stück weiter angeschwemmt wurde". 1872 wurde ein 10-jähriger Junge aus Tinnum zum Opfer „und obwohl er gleich nach dem Sinken aus dem Wasser gezogen wurde, so blieb er doch tot".

1855 wurde das Seebad Westerland offiziell begründet. Erst im Jahre 1908 war der erste Badetote unter den Sommerfrischlern zu beklagen – ein Vorfall, der für allgemeines Aufsehen sorgte. Ein Bankier aus Berlin war von der Strömung ins offene Meer gezogen worden und konnte sich nicht mehr retten. Das Geschehnis war umso tragischer, da der Verstorbene zwei unmündige Kinder hinterließ, deren Mutter sich in einer Nervenheilanstalt befand. Die Pflegschaft der Hinterbliebenen strengte darauf hin sogar einen Prozess gegen das Seebad Westerland an, was für zusätzliche Unruhe sorgte. „Dieser Unglücksfall hat die öffentliche Aufmerksamkeit in höchstem Maße erregt und ist geeignet, den Ruf des Bades zu gefährden", sorgte sich der Westerländer Direktionsbadearzt Dr. Paul Nicolas. Seit diesem ersten Unglücksfall ist die Zahl der Badegäste um ein Vielfaches gestiegen und mit ihr sind auch in trauriger Regelmäßigkeit Badetote zu beklagen. Beispiel 1997: Ein Supersommer neigte sich dem Ende entgegen. Auf Sylt suchten die Menschen angesichts extrem heißer Temperaturen scharenweise Abkühlung im Meer – zugleich wurden so viele Badeunfälle wie selten zuvor verzeichnet. Im Juli und August wurden 14 Unglücke registriert, davon vier mit tödlichem Ausgang: 31. Juli, Rantum. Rettungsschwimmer ziehen eine 60-jährige Hamburgerin aus dem Wasser. Die Wiederbelebungsversuche bleiben erfolglos. 1. August, Westerland. Urlauber sehen einen leblosen Körper im Wasser treiben. Der 58-jährige Mann aus Detmold ist tot. 19. August, Westerland. Eine 82-jährige Urlauberin aus Alt-Gandersheim überschätzt ihre Kräfte und ertrinkt. 20. August, Wenningstedt. Ein 70-jähriger Badegast aus Hessisch-Lichtenau bricht im Wasser zusammen und stirbt. Dass die Zahl der Toten in jenem Jahr nicht noch höher lag, grenzte an ein Wunder: Drei weitere Badegäste waren bereits klinisch tot, konnten aber in buchstäblich letzter Sekunde reanimiert werden.

Es ist zumeist dem beherzten Eingreifen von Rettungsschwimmern und anderen Helfern zu verdanken, dass die Zahl der Todesfälle Jahr für Jahr nicht höher ausfällt. Doch auch sie leben gefährlich. Im Juli 1961 kommt der Polizeibeamte Georg Morell, der eine Kindergruppe aus Kassel als Betreuer begleitet, einem erschöpften Jungen zur Hilfe. Die Rettungsleine legt sich dabei so unglücklich um den Hals von Morell, dass er beim Anziehen der Leine von Land aus erdrosselt wird. Wenig später wird auf einem Findling eine Gedenktafel angebracht, die folgende Inschrift trägt: „Den Lebenden zur Mahnung: Polizeimeister Georg Morell opferte sein Leben bei der Rettung von Kindern, die trotz Verbotes badeten. Sylt, 23. Juli 1961." Gut 30 Jahre kommt es in Westerland zu einer ähnlichen Tragödie. Ein Rettungsschwimmer erinnert sich: „Der Kollege ist rausgeschwommen, um einen Ertrinkenden zu retten. Schließlich bekam er den Mann zu fassen und gab seinem Kollegen am Strand ein Zeichen, ihn an der Rettungsleine zurück zu ziehen. Doch die Leine schlang sich um seinen Hals und erdrosselte ihn. So wurde er tot ans Ufer gezogen. In seinen Armen hing der Gerettete. Lebend und von dem Toten noch immer fest umklammert."

Die 1960-er Jahre schrieben auf Sylt die traurigsten Kapitel in Hinblick auf die Gefahren beim Baden. Drei Mal traf das Schicksal fröhliche Kindergruppen, die sich auf unbeschwerte Tage am Meer gefreut hatten und die schlimmsten Ferien ihres Lebens erleben sollten. Im folgenden werden die drei erschütternden Geschehnisse rekapituliert.

„Hilfe, Hilfe, die gehen alle unter!"

Der letzte Tag im Leben des Walter Schütt* beginnt mit einem kräftigen Frühstück. Der zwölfjährige, schlank gewachsene Junge mit den kurzen, strohblonden Haaren beißt bereits in die dritte Stulle. „Pass auf, sonst gehst Du nachher im Meer unter wie ein Stein", unkt sein Freund Franz Gebhardt*. Das Meer? Bislang kannte es Walter nur von Bildern. Doch jetzt ist es zum Greifen nahe. Es ist Walters erster Urlaub überhaupt, denn seine Eltern sind mittellos. Aber nun ist er tatsächlich hier, am Meer, mit all den anderen.

Heinrich Grunow* sitzt am anderen Ende der langen Frühstückstafel. Der Direktor der Volksschule Uchte, einer Kleinstadt an der Weser mit kaum 5000 Einwohnern, ist gestern mit zwei weiteren Lehrkräften und 51 Kindern der siebten und achten Klasse angereist. In Uchte gilt Grunow als überaus vorsichtiger und gewissenhafter Pädagoge. Der vorgesetzte Schulrat wird ihm später vor Gericht das Zeugnis eines „verantwortungsbewussten, fast pedantischen Schulmeisters" ausstellen. Der Direktor blickt durch die großen Scheiben des Frühstückssaals im Hörnumer Landschulheim. Die Sonne kommt hervor. Er wird sich vor dem Kirchgang, dem ersten Programmpunkt des Tages, noch beim Heimleiter nach den Badezeiten erkundigen.

In seinem möblierten Zimmer nahe des Hörnumer Hafens zieht Klaus-Dieter Clavis* an diesem Morgen des 25. Juni 1961 die Gardinen zurück. Es ist Sonntag und ihm steht wenig der Sinn nach Arbeit. Doch der ehrenamtliche Rettungsschwimmer, im Berufsleben Dekorateur, hat heute Dienst. Der 25-Jährige schwingt sich auf sein Fahrrad. Er wird zum Landschulheim radeln und anfragen, ob heute Kindergruppen baden wollen. Nach dem Gottesdienst haben die Kinder einen kleinen Spaziergang durch die Dünen unternommen, zu Mittag gegessen und etwa eineinhalb Stunden Mittagsruhe gehalten. Dann zieht die Gesellschaft fröhlich lärmend zum Strand. Es ist 16 Uhr, der Himmel hat sich inzwischen bewölkt, der Wind weht aus südwestlicher Richtung in Stärke fünf. Die Kinder wollen ins Wasser, doch Heinrich Grunow wartet noch die einsetzende Flut ab. Bis dahin vertreiben sich die Mädchen und Jungen die Zeit beim Burgenbauen im Sand. Gegen 17 Uhr endlich beginnt die Badezeit. Die drei Lehrkräfte gehen voraus und baden mit dem Rücken zur offenen See, so dass sie die Kinder im Blick haben. „Wer die Reihe der Lehrkräfte überschreitet, wird sofort aus dem Wasser gewiesen", hatte der Direktor seine Zöglinge zuvor gewarnt. Die Kinder juchzen und toben im hüfthohen Wasser. Gut 50 Meter weit entfernt auf gleicher Höhe sieht Grunow eine andere Gruppe Badender. Dort scheint sich eine Sandbank zu befinden, denn das Wasser reicht den Badegästen nur bis an die Oberschenkel. Grunow lotst die Kinder zu der anderen Badestelle, aber nicht alle wollen mit: 34 Schülerinnen und Schüler waten zum Strand zurück. 17 schließen sich den Lehrkräften an. Nur zwei dieser Kinder können schwimmen.

„Und dann, auf einmal", sagt Heinrich Grunow später vor Gericht aus, „verloren wir völlig unerwartet den Grund unter den Füßen." Ein Junge aus der Gruppe berichtet nach dem Unglück, der Sand sei ihm „wie eine Wolldecke unter den Füßen hinweg gezogen" worden. Panik bricht aus. Die Nichtschwimmer klammern sich an die Lehrkräfte oder andere Kinder. Der Rettungsschwimmer Klaus-Dieter Clavis hört die Schreie als erster. Er hastet zum Flutsaum. Im Wasser torkelt ihm auf halbem Wege ein Junge entgegen: „Hilfe, Hilfe, die gehen alle unter!" Clavis zerrt nacheinander vier Kinder aus den Wellen. Das letzte ist bereits tot. Andere Badegäste eilen herbei und helfen. Keiner überblickt zu dieser Zeit, wer aus der Gruppe noch fehlt. Zehn Mädchen und Jungen werden mit Krankenwagen und Privatautos in halsbrecherischer Geschwindigkeit ins Krankenhaus nach Westerland gefahren. Für vier Kinder jedoch kommt jede Hilfe zu spät: Walter Schütt* (12), Christoph Hochstätter* (12), Doris Mienbergen* (13) und Anna Levin* (13) sind ertrunken. Noch am Abend erhalten die Eltern der vier Kinder die schreckliche Nachricht. Das Schicksal trifft sie in bester Feierlaune: Ein Pastor visitiert zwei Elternpaare beim Feuerwehrfest in Uchte, die anderen bei einem Fest im Nachbarort.

Am nächsten Morgen reist der Rest der Kindergruppe um 8 Uhr mit dem Zug ab. An allen öffentlichen Gebäuden der Insel Sylt wehen die Flaggen bereits auf Halbmast. Am selben Tag nimmt eine siebenköpfige Sondergruppe der Kriminalpolizei Flensburg die Ermittlungen auf. Neun Monate später beginnt vor der II. Großen Strafkammer des Land-

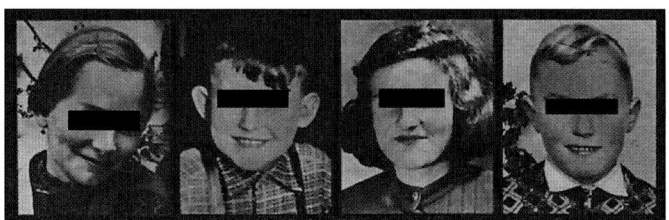

Klassenfahrt in den Tod: Doris Mienbergen*, Christoph Hochstätter*,
Anna Levin* und Walter Schütt* kehrten nicht mehr heim

gerichts Flensburg der Prozess gegen die drei Lehrkräfte. Im Laufe der Verhandlung, bei der zehn Zeugen angehört werden, kommen erschreckende Details zutage: Von den 51 Kindern waren 48 Nichtschwimmer. Die Kinder, die mit den Lehrkräften die Badestelle wechselten, wurden nicht abgezählt. Die Suchaktion war zudem vorzeitig abgebrochen worden; eine Dreiviertelstunde nach Beendigung der Suche war Christoph Hochstätter rund 400 Meter südlich der Unglücksstelle tot angetrieben und von einem Spaziergänger zufällig entdeckt worden.

Und schließlich konnte der Direktor keine Antwort darauf geben, warum er nicht einmal seinem eigenen zehnjährigen Sohn half, obwohl dieser im Wasser direkt neben ihm stand. Die Ermittlungen hatten vielmehr ergeben, dass Heinrich Grunow an den Strand geschwommen war und sich nicht weiter um die Rettung der Kinder gekümmert hatte. Die beiden anderen Lehrer waren von Badegästen bewusstlos an Land gezogen worden. Heinrich Grunow widersprach stockend: „Wir versuchten sehr wohl, die Kinder aus dem tiefen Wasser herauszubringen, aber da uns gleich mehrere Kinder umklammerten, wurden wir Lehrer mit unter Wasser gezogen und hatten Mühe, unsere eigenen Leben zu retten. Außerdem hatte ich meine Brille verloren." Auf die Frage des Richters, warum er nicht einmal dem eigenen Sohn zur Hilfe kam, antwortete Grunow: „Vielleicht war der Schock zu groß."

Am Ende der zwei Verhandlungstage schließt der Staatsanwalt sein Plädoyer mit der Forderung nach mehrmonatigen Haftstrafen für die drei Lehrkräfte. Freispruch beantragt der Verteidiger. Der Urteilsspruch aber lautet: Wegen fahrlässiger Tötung wird Heinrich Grunow zu sieben Monaten Freiheitsstrafe auf Bewährung verurteilt, die Lehrerin Ruth Hoger* zu vier Monaten. Siegfried Jung* wird frei gesprochen. Der erst kürzlich aus der DDR geflohene Lehrer war noch nie am Meer gewesen und habe, so das Gericht, „die gefährliche Lage nicht erkennen können". In ihrem Schlusswort hatten zuvor alle drei Angeklagten betont, dass sie sich schuldlos fühlten. Siegfried Jung drückte es am deutlichsten aus: „Der liebe Gott hat mir schon verziehen."

TÖDLICHE STRÖMUNG

„Heiße Haut – kühler Kopf". So lautet der Titel eines Magazins, das das ZDF im Juli 1965 live von Sylt überträgt. Die Sendung gibt den Fernsehzuschauern Ratschläge für das richtige Verhalten im Badeurlaub. Als Höhepunkt ist die Rettung eines Schwimmers durch einen Hubschrauber zu sehen. Niemand ahnt, dass diese Szene keine vier Wochen später bittere Realität werden soll.

Der Wetterbericht für Sylt lautet am 7. August 1965: „Mäßiger Wind zunächst aus Süd bis Ost, später aus West und etwas zunehmend. Luft 19 Grad, Wasser 16,5 Grad." Der bedeckte Himmel treibt am Nachmittag viele Badegäste von den Sylter Stränden, um sich anderweitig Zerstreuung zu suchen. In Westerland verfolgen um 17 Uhr im gut gefüllten Kino etliche Urlauber den Western „Die Hölle von Manitoba" mit Pierre Brice und Lex Barker. In Hörnum sterben zur selben Zeit vier Menschen.

Am südlichsten Strand der Insel herrscht noch lebhaftes Treiben. In der nahen Erholungsherberge „Fünf-Städte-Heim" sind an diesem Tag rund 500 Kinder aus den Städten Pinneberg, Uetersen, Elmshorn, Wedel und Kellinghusen einquartiert. 74 von ihnen wollen vor dem Abendbrot noch einmal baden gehen. Als die Mädchen und Jungen ankommen, haben die Rettungsschwimmer bereits eine 30 Meter breite Zone durch rote Fahnen als Badestelle markiert.

Die Flut setzt gerade ein, als die Kinder und mehrere Betreuer in fünf Gruppen hintereinander ins Wasser gehen. Etwa 40 Meter vor dem Strand schwappen die Wellen über eine Sandbank. Doch die ist tabu: „Wer bis zur Sandbank geht, bekommt Badeverbot", hatte Rettungsschwimmer Ulf Pryzibilla* den Badenden zuvor mit auf den Weg gegeben. Doch die beiden Gruppen „Bonn" und „Ziegenhain" halten sich nicht an die strikte Weisung. Obwohl Pryzibilla am Ufer energisch eine rote Fahne schwenkt und auf einer Pfeife trillert, waten die beiden Gruppen unbekümmert zur Sandbank hinaus. Das Wasser steht dort etwa einen Meter hoch, als eine starke Unterströmung die Badenden erfasst. 16 Kinder können sich noch gerade ins seichte Wasser retten, 14 aber werden von der Strömung weiter hinaus gezogen. Fünf Rettungsschwimmer und drei Gruppenleiter hechten ins Wasser, ebenso die 22-jährige Sekretärin des „Fünf-Städte-Heims", Marlies Bockwinkel*. Zuvor in der Stadtverwaltung von Uetersen beschäftigt, arbeitet sie erst seit drei Monaten in dem Heim. An diesem Tag war sie gerade nach Feierabend an den Strand gekommen, als das Unglück geschieht. Die junge Frau zögert nicht lange und beteiligt sich an der Rettungsaktion. Doch sie wird dabei selbst zum Opfer. Ein Rettungsschwimmer versucht noch, sie am Haarschopf zu greifen, doch eine Welle verschluckt Marlies Bockwinkel. Um sie herum schreien Kinder um ihr Leben. Später wird

Ulf Pryzibilla schildern: „Man rennt ins Wasser hinein, greift nach einem Kind, hält es fest, redet beruhigend auf es ein, trägt es an Land. Und dann sieht man schon das nächste Kind im Wasser treiben, mit glasigen Augen." Zum Schluss liegt Pryzibilla völlig erschöpft am Strand und muss selbst ärztlich versorgt werden. Inzwischen kreisen zwei Hubschrauber über dem Meer. Am Morgen erst hatte einer der Helikopter unweit der jetzigen Unfallstelle einen Schwimmer gerettet. Nun können die Hubschrauber zumindest noch zwei Kinder lebend aus dem Wasser ziehen.

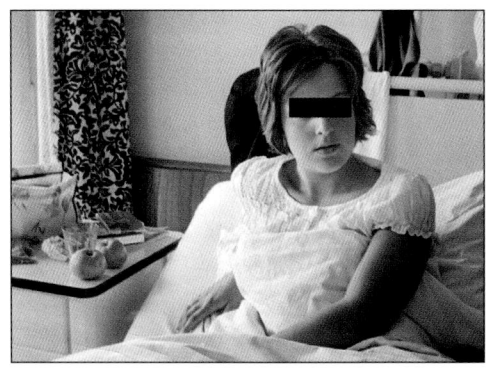

„Alles ging so schnell, es war furchtbar." Drei Tage nach dem Unglück wurde dieses 16-jährige Mädchen als letzte aus dem Krankenhaus entlassen.

Als eine der Maschinen am Strand landen will, ist dies zunächst nicht möglich: Die zahlreichen Schaulustigen weichen erst zurück, nachdem sich der Co-Pilot abgeseilt hat und die gaffende Menge verscheucht.

Elf Kinder schließlich sind dem nassen Tod entkommen, eines von ihnen kann im Krankenwagen gerade noch wiederbelebt werden. Mit Marlies Bockwinkel starben indes Raimund Schneider* (9), dessen beiden ältere Geschwister das Badeunglück überlebten, Ursula Wiegoldt* (14), die am nächsten Tag hätte abreisen sollen, und Petra Kleinschmidt* (16), die eigentlich lieber in der Herberge bleiben wollte. Noch bis zum Einbrechen der Dunkelheit suchen die Hubschrauber die Küste nach Marlies Bockwinkel und Raimund Schneider ab. Beide werden erst am nächsten Morgen an den Flutsaum gespült, die Sekretärin hundert Meter südlich der Unglücksstelle, der Junge gut einen Kilometer weiter.

Das Verhängnis spricht sich schnell herum. Pausenlos klingelt im „Fünf-Städte-Heim" das Telefon, besorgte Eltern verlangen Auskunft. Viele von ihnen holen ihre Kinder bereits am nächsten Tag ab, einige finden noch die Zeit, einen Trauergottesdienst in der Hörnumer Kirche zu besuchen. Elf Kriminalbeamte sind derweil mit Vernehmungen beschäftigt. Doch im Gegensatz zu dem Badeunglück, das vier Jahre zurückliegt, stellt die Staatsanwaltschaft die Ermittlungen bald ein. Die Betreuer und die Rettungsschwimmer hätten alles getan, was man ihnen zumuten könne.

„Ein 'Seebär' war schuld"

„Heute um 4 Uhr früh war die See spiegelglatt, als plötzlich gewaltige Wellen einsetzten und Strandkörbe ins Wasser rissen", berichtet die „Sylter Zeitung" im August 1937. Bei ruhiger See bricht sich im Juni 1964 plötzlich eine fünf Meter hohe Flutwelle am Westerländer Strand. Sie wirbelt 50 Strandkörbe gegen die Strandmauer und einen 22-jährigen Mann von einer Buhne. Juni 2002: Urplötzlich rollen vor Rantum bei Ebbe zwei etwa drei Meter hohe Wellen heran. Glücklicherweise baden nur einige Erwachsene, die eilig aus dem Wasser hasten. „Wäre eine Kindergruppe baden gewesen, hätte dieser 'Seebär' eine Katastrophe auslösen können", befindet ein Rettungsschwimmer.

Der Mann weiß, wovon er spricht. Ein „Seebär" soll es auch gewesen sein, der viele Jahre zuvor vier Kinder vor dem Strand des Kampener Erholungsheims Klappholttal das Leben gekostet hat. Als es deswegen später zu einer Gerichtsverhandlung kam, sagte der Anwalt des angeklagten Rettungsschwimmers: „Bei dem Badeunglück handelte es sich um höhere Gewalt. Ein 'Seebär' war schuld." Und auch der Leiter von Klappholttal schrieb in einem Brief: „Es hat den Anschein, dass es sich um einen 'Seebären' gehandelt hat, so wie sie schon mehrfach auf Sylt beobachtet wurden." Ein Naturphänomen unter Verdacht: Von einem „Seebären" sprechen die Sylter, wenn bei heiterem Himmel und ruhigem Wetter ein plötzlicher Wellenberg auftritt, ausgelöst durch abrupte Luftdruckschwankungen.

Zu Beginn des Juli 1969 hat es mehrere Tage hintereinander gestürmt. Am 9. Juli endlich dringt wieder die Sonne durch. Der Himmel ist heiter, das Wetter ruhig. In Scharen pilgern die Urlauber an die Strände. Auch im Erholungsheim Klappholttal machen sich gegen 15.30 Uhr mehrere Kindergruppen auf den Weg zum Strand. Die letzte Gruppe umfasst 23 Mädchen und Jungen, die von einer 20-jährigen Kindergärtnerin und einer 15-jährigen Praktikantin beaufsichtigt werden. Am Wasser übernehmen zudem zwei Rettungsschwimmer die Aufsicht. Doch richtig Spaß bringt den acht- und neunjährigen Kindern das Baden nicht: Die Brandung fehlt. 13 von ihnen waten mit den beiden Betreuerinnen etwa 30 Meter ins Meer hinein und bilden im hüfthohen Wasser eine Kette, die munter auf und nieder springt. Weiter hinaus dürfen die Kinder nicht, denn die meisten sind Nichtschwimmer. Plötzlich, wie aus dem Nichts, rollt eine hohe Brandungswelle auf die Gruppe zu. Fröhlich juchzend werfen sich die Kinder hinein. Doch die Woge reißt die Kette mit brachialer Gewalt auseinander, der Sog bringt alle zu Fall. Einige Kinder raffen sich wieder auf, die anderen zieht die Strömung mit sich fort. Die beiden Rettungsschwimmer springen sofort ins Wasser. Drei Kinder können sie mit der Rettungsleine an den Strand ziehen. Sechs weitere und die beiden Betreuerinnen schaffen es aus eigener Kraft. Doch vier Jungen fehlen. 20 Minuten später kreist ein

Tragisch endeten für eine Kindergruppe die Ferien im Erholungsheim Klappholttal

Hubschrauber über dem Meer. „Wir sahen unten mehrere Kinder im Wasser treiben, die Köpfe nach unten, die Arme ausgebreitet", rapportiert der Pilot. Bereits klinisch tot werden die vier Jungen in die Westerländer Nordseeklinik eingeliefert. Elf Ärzte bemühen sich um die Leben der kleinen Patienten – vergeblich: Nach 90 Minuten wird die Reanimierung beim letzten Kind ergebnislos eingestellt.

Es stirbt Christopher Möller*. Eine halbe Stunde vor dem Unglück hatte seine Mutter im Heim angerufen. Man sagte ihr, Christopher sei gerade auf dem Weg zum Baden. Es stirbt Dirk Wattenbrink*. Er wollte eigentlich gar nicht mit nach Sylt reisen – ein Schulfreund überredete ihn. Es stirbt Axel Agolski*. Beim Abschied am Bahnhof hatte er zu seinem Vater gesagt: „Ich schreibe ganz oft und komme bestimmt braun wie ein Neger zurück." Es stirbt schließlich auch Rainer Hummel*. Gemeinsam mit seiner Zwillingsschwester hatte er am Strand unermüdlich Muscheln und Seesterne gesammelt. Sie sollten Souvenirs für die Familie sein.

Der ältere der beiden Rettungsschwimmer findet sich auf der Anklagebank wieder. Das Urteil konstatiert, dass der Mann bei der Rettungsaktion vorbildlichen Einsatz gezeigt habe. Zugleich wirft der Richter ihm vor, dass er die Gruppe zu weit ins Wasser gehen ließ und belegt den Angeklagten mit einer Geldstrafe in Höhe von 1200 Mark.

DAS HELDENEPOS VOM HAUPTSTRAND

Dies ist die Geschichte einer Tragödie, die durch das beherzte Eingreifen eines Menschen verhindert werden konnte. Wäre Manfred Winkler am 19. Juli 2003 nicht zur Stelle gewesen, hätte dies unter Umständen acht Menschen das Leben gekostet. Eine beeindruckende Rettungsaktion, die Wellen schlug: Zunächst berichtete nur ein Lokaljournalist über den bemerkenswerten Vorfall. „Damit, dachte ich, wäre der Zauber vorbei", meinte Winkler. Weit gefehlt: Die Medien machten aus der Rettungsaktion ein Heldenepos. Bald gaben sich Presse, Radio- und Fernsehsender die Klinke des Rettungsstandes am Westerländer Hauptstrand in die Hand. Die „BILD"-Zeitung titelte: „David Hasselhoff ist eine schlappe Nummer gegen ihn." Fernsehsender kürten den 37-Jährigen zum „Held des Alltags" und „Mensch des Jahres".

Wie die Jahre zuvor tritt Manfred Winkler, im Hauptberuf Verkehrsschullehrer bei der Polizei, auch im Sommer 2003 seinen Posten als Rettungsschwimmer in Westerland an. Es ist ein Sommer, der sich durch außergewöhnliche Hitzeperioden auszeichnet. Regulärer Dienstbeginn für die Rettungsschwimmer ist täglich um 10.30 Uhr. Am 19. Juli kommt Winkler durch Zufall schon eine gute halbe Stunde früher zum Strand; ein Freund ist zu Besuch und möchte mit Winkler schon gleich nach dem Frühstück zum Strand. Ein wahrlich glücklicher Umstand, wie sich bald zeigen wird.

Die Wassertemperatur der Nordsee ist bis zu diesem Tag auf 20 Grad geklettert, zu einer leichten Brise strahlt am wolkenlosen Himmel die Sonne nach Kräften. Viele erhitzte Gemüter baden schon, bevor die Sylter Rettungsschwimmer ihren Dienst aufnehmen. Als Manfred Winkler den Strandübergang passiert, gleitet sein Blick prüfend über die Szenerie. „Bestes Badewetter heute", denkt er gerade noch, als er plötzlich mehrere Menschen wahrnimmt, sichtlich aufgeregt und mit den Armen wedelnd. Winkler schwant Böses. „Da hinten ertrinken welche", ruft jemand. Tatsächlich: Drei Badende sind neben der Buhne offensichtlich in eine Strömung geraten, die sie hinaus zieht. Mit der „Rescue tube" – ein wurst-

Der Held vom Hauptstrand:
Manfred Winkler rettete acht
Menschen das Leben

artiger Hohlkörper – unter dem Arm sprintet Winkler los. Er schwimmt hinaus, vorbei an zwei weiteren Badegästen, die helfen wollen. „Seht zu, dass Ihr hier raus kommt", keucht Winkler, doch auch die beiden geraten nun in den Sog der Strömung. Doch erst müssen die anderen gerettet werden.

In Todesangst klammern sich ein sechsjähriges Mädchen und zwei Männer an die „Rescue Tube" – Manfred Winkler hat nun 200 Kilo Gewicht im Schlepptau, während er seitlich aus der Strömung hinaus schwimmt. Jeder Meter in Richtung Strand wird zur Qual. „Ich war völlig kaputt, ich glaubte, ich schaff' das nicht." Doch Hilfe naht: Heiner Schwabe, Inhaber eines nahe gelegenen Strandrestaurants, greift sich die Rettungsleine und krault hinaus. Gemeinsam können sie das entkräftete Trio an Land bugsieren. Mit letzter Kraft gelingt es Winkler sodann, auch die Frau und den Mann zu retten, die helfen wollten und selbst zu Opfern wurden. Fünf Menschen wurden so vor dem sicheren Ertrinken bewahrt – und noch am selben Tag zieht Manfred Winkler drei Kinder aus dem Wasser. „Diesen Tag", sagt Winkler später, „werde ich wohl nie vergessen." Wer könnte es ihm verdenken?

EIN BAD IM MONDSCHEIN

Man hatte an Bord einen netten Abend verlebt, Whisky-Cola und Wein getrunken, gemeinsam gelacht und geklönt. Sanft schlagen die Wellen gegen die Bordwand des acht Meter langen Motorseglers, der am 22. Juli 2006 ein gutes Stück vor Munkmarsch Anker geworfen hat. An Bord sind der Sylter Skipper Jan Thiesen*, ein Freund und ein Urlauberpaar. Gegen 3 Uhr werden zwei der Männer müde und rollen sich in ihre Schlafsäcke. Die Frau aber möchte noch ein Bad im Mondschein nehmen und steigt die kleine Badeleiter hinunter. Kaum ist sie im Wasser, wird sie von einer Strömung erfasst und abgetrieben. Jan Thiesen ist noch wach. Er wirft der Hilflosen einen Rettungsring zu, springt dann selbst ins Wasser. Doch Thiesen treibt an der Frau vorbei, ruft nun selbst um Hilfe, bevor seine Stimme wenige Momente später erstirbt.

Die Frau aber kämpft um ihr Leben – drei lange Stunden. Dann kommt ihr ein glücklicher Zufall zu Hilfe: Ein Segelboot ist gut zwei Meilen entfernt von dem Motorsegler vor Anker gegangen, weil die Navigationsinstrumente ausgefallen sind. Während der Eigner eine Reparatur versucht, hält seine Ehefrau mit dem Fernglas nach Seehunden Ausschau – und entdeckt die treibende Frau. Vier Stunden später wird die Leiche von Jan Thiesen im Watt aufgefunden. Die beiden an Bord des Motorseglers verbliebenen Männer wurden zuvor geweckt. Sie hatten von dem Drama, das sich wenige Meter entfernt abspielte, nichts bemerkt.

Erfroren im Eis

Der Landvogt, der niemals ankam

1788 war erstmals ein Däne als neuer Sylter Landvogt bestellt worden. Im Dezember machte sich der gebürtige Kopenhagener Daniel Friedrich Timm nahe des dänischen Ortes Hojer mit zwei Begleitern und einem Handschlitten auf, das vereiste Wattenmeer zu überqueren. Doch auf Sylt kam er niemals an: Während des Marsches übers Eis erfroren die Wanderer auf halber Strecke. Im amtlichen Protokoll ist mit Datum vom 30. Dezember 1788 vermerkt: „So lange das Eis nicht aufgebrochen und die See nicht rein ist, kann man die Personen nicht ausfindig machen, weil sie vermutlich unter dem Eise versteckt sind. Es ist zu vermuten, dass der Landvogt mit seinen Gefährten bei einem Schneegestöber entweder durch Eis gefallen oder in den offenen Meeresstrom geraten ist."

„Da büsste er sein Leben ein"

Der gebürtige Sylter Poh Nickelsen war 26 Jahre lang nicht mehr auf seiner Heimatinsel gewesen und lebte verheiratet im englischen Dover. Als er Anno 1814 bei einer seiner Seefahrten an der holländischen Küste Schiffbruch erlitt, reiste er weiter nach Hamburg und beschloss, seine Familie auf Sylt zu besuchen. Was dann geschah, überliefert der Bericht eines Zeitzeugen: „In Gesellschaft anderer trat Nickelsen am 30. Januar 1815 vom Festland den Weg übers Eis nach Morsum an. Es wurde eine sehr beschwerliche Wanderung und schließlich mussten die anderen Poh Nickelsen im Stich lassen, weil das Eis nicht mehr hielt und ein jeder genug mit sich selbst zu tun hatte. Da büßte er sein Leben ein, wurde anderntags von einem Suchtrupp gefunden und in Morsum beerdigt."
Ein ähnliches Schicksal widerfuhr im selben Jahr einem alten Seefahrer namens Paul Cornelsen Lund. Nach einer anstrengenden Wanderung übers Eis starb er nur wenige hundert Meter vor dem rettenden Sylter Ufer an Unterkühlung. Ironie des Schicksals: Der Mann hatte in seiner Jugend geschworen, seine Heimatinsel nie wieder zu betreten.

DER WEISSEN HÖLLE ENTRONNEN

Welch ein Husarenstück! Den Tod schon vor Augen, doch dann die wundersame Rettung! 47 Tage in der weißen Hölle, schneeblind, halb erfroren und völlig entkräftet. Nein, Peter Eschels hatte nicht geglaubt, seine Heimatinsel je wieder zu sehen. Eschels entstammte einem bekannten Sylter Geschlecht und war einer der Letzten einer aussterbenden Zunft. Anno 1836 – die goldene Ära des Walfangs war schon vorüber – hatte der Westerländer ein gefährliches Abenteuer zu bestehen. Eschels selbst berichtete später davon: „Vor Grönland war unser Schoner im Eise festgefroren. Da es ganz unmöglich war, das Schiff wieder los zu arbeiten, verließen wir es und gingen mit drei Schaluppen auf eine gefährliche Reise. Mit unsäglicher Mühe schleppten wir die Schaluppen über das unebene Eis. Von Tag zu Tag schwand die Hoffnung mehr, in dieser späten Jahreszeit andere Schiffe zu finden. Um schneller fortzukommen, ließen wir die Schaluppen nach 19 Tagen Wanderung stehen und trugen das Notwendigste auf dem Rücken mit. Am 22. Tag fing das Eis an, sich zu öffnen, und wir ruderten auf einer großen Eisscholle dem Land zu. Endlich stießen wir auf ein Haus, in dem wir die Leichname von 18 erfrorenen Russen fanden. An der Küste lag ihr beschädigtes Schiff, das wir in den folgenden Tagen flott machten. Es war schwere Arbeit, denn wir alle hatten von der langen Wanderung schlimme Füße, bei einigen waren sie schon erfroren. Endlich segelten wir los und erreichten 47 Tage nach unserer Festsetzung im Eis glücklich die Stadt Hammerfest in Norwegen."

Auf Walfang ging Peter Eschels danach niemals wieder und fuhr fortan auf Handelsschiffen über die Weltmeere. 16 Jahre nach dem Gewaltmarsch durch die weiße Hölle kenterte ein Schiff vor der englischen Küste. Unter den Toten: Peter Eschels, 48 Jahre alt.

EINE MORSUMERIN LÄUFT UM IHR LEBEN

Das Sylter Klima wird überwiegend durch atlantische Luftmassen geprägt, die im Vergleich zum Festland relativ milde Winter mit sich bringen. Nur selten stürzen die Temperaturen daher ins Bodenlose. Dies war zuletzt 1963 der Fall, als das Thermometer minus 22 Grad anzeigte und das Meer rund um Sylt zugefroren war. So dick war die Eisschicht, dass sogar Autos darüber fuhren. Auch am 5. Februar 1922 türmte sich gewaltiges Packeis im Wattenmeer. Johanna Ruhsert aus Morsum war mit Freunden nach Niebüll gewandert, um dort ihren Sohn zu besuchen. Für den nächsten Mittag hatte man sich zur Rückkehr verabredet. Doch Johanna Ruhsert erreichte den Treffpunkt mit geringfügiger Verspätung. Was ihr dann widerfuhr, hat sie selbst aufgeschrieben:

„Vom Deich aus sah ich, dass die anderen bereits auf dem Eis angelangt waren. Na, die konnte ich noch leicht einholen, aber zuerst musste ich eine Tasse Kaffee haben. In der Gaststube saß ein Bekannter, der mit dem Rad von Sylt übers Eis gekommen war. Er meinte, ich dürfe wohl keine Zeit mehr verlieren, wenn ich heute noch hinüber wolle. Das klang so ein wenig sonderbar und ich dachte: 'Da wird doch wohl keine Gefahr dabei sein?' Als ich wenig später vom Deich hinunter ging, verschwanden meine Reisegenossen gerade in den Eisbergen. Aber ich hatte ja ihre Spur.

Endlich erreichte auch ich die Eisberge, doch wo war die Spur? Die Sonne hatte das Eis ein wenig angetaut, so dass die Fußabdrücke verschwunden waren. Es sah wunderschön aus hier auf dem Eise mit dem hellen Sonnenschein! Ein seltsames Geräusch vernahm ich. Das waren die Tropfen, die von den Eisklötzen ins Wasser fielen. Das hatte ich gestern nicht bemerkt oder hatte die Sonne schon soviel getaut? Rüstig schritt ich aus, ich wollte die anderen doch lieber bald erreichen! Jetzt sprang ich von einem Eisblock herab – und saß mit dem rechten Bein bis übers Knie im Wasser. Schnell kam ich wieder auf die Füße, besah mir den Schaden genauer und meinte ganz vergnügt: 'Na, Johanna, nun kommst du mit einem nassen Bein nach Hause!' Doch kurz darauf saß ich wieder im Wasser, diesmal mit dem linken Bein. Und bald darauf schon wieder, diesmal mit beiden Beinen zugleich. Ein Schauer lief mir über den Rücken. Ich war allein in der großen Eiswüste. Zitternd kletterte ich auf den nächsten Eisberg. Nichts von Land zu sehen, weit und breit immer nur Berg und Tal aus Eis. Herrgott erbarme dich, ich bin doch nicht irre gegangen? Nur schnell, Johanna, ehe die Nacht kommt! Ich lief, so schnell es ging, doch ich brach ein, tiefer und immer öfter.

Ich lief um mein Leben. Warum musste ich so umkommen? Ich hatte mich ja gar nicht ordentlich verabschiedet von meinen Lieben. Die saßen jetzt in der warmen Stube und ahnten nicht, in welcher entsetzlichen Not ich mich befand. Plötzlich sah ich einen Seehund. Das bedeutete: Offenes Wasser. Ich machte kehrt, sprang von Scholle zu Scholle. Ein quälender Durst plagte mich. Ich steckte ein Stück Eis in den Mund, aber auch das half nichts. Der Mond schien schon klar vom Himmel herab, und ich sah am Horizont einen ziemlich großen Stern, der alle Augenblicke verschwand. Es musste wohl der Leuchtturm von Kampen sein und ich lief drauflos. Aber schon wieder war ich eingebrochen, diesmal bis zur Hüfte. Und nun erging es mir sonderbar. Ich sah das große Loch im Eis und war mit einem Male fest überzeugt, dass meine Stunde noch nicht gekommen sei. Da fand ich Worte zum Gebet und flehte zu Gott um mein Leben. Und dann hatte ich wieder Mut und lief auf den großen Stern zu.

Ich wusste, einbrechen durfte ich nicht wieder, ich hätte keine Kraft mehr gehabt, wieder heraus zu kommen. Einige Male barst ganz in meiner Nähe die Eisdecke mit einem dumpfen Knall. Lange war ich so gelaufen, die Zunge war mir vor Durst geschwollen. Meine

Mütze war mir verloren gegangen, so band ich mir das Tuch um den Kopf. Die steif gefrorenen Kleider hingen wie eine Tonne an mir, meine Glieder waren taub. Ich kletterte auf einen hohen Eisblock. Lieber wollte ich erfrieren als ertrinken. Und dann kamen mir wunderliche Gedanken. Ich dachte an die guten Kleider, die ich anhatte. Die würde nun niemand mehr erben können. Die schönen Kleider! Das darf nicht sein! Also weiter!

Da, auf einmal, was war das? Erst vier helle Schläge, dann zwölf dunkle. Eine Uhr, eine Kirchenuhr! Gott sei Dank! Ich lief weiter und weiter. Dann spürte ich auf einmal Steinpflaster unter meinen Füßen. Land hatte ich, festes Land! Einen Wegweiser krampfhaft umschlungen, habe ich geweint, geweint wie noch nie! Nun nach Hause mit letzter Kraft! Endlich schleppte ich mich durch die menschenleere Straße. Da, das Haus, mit beiden Händen schlug ich gegen die Fenster. 'Um Gottes willen, macht auf!' Und als ich die Stimme meines Mannes hörte, wusste ich: Du bist gerettet!

Zwei Tage und Nächte konnte ich nicht schlafen, wollte immer reden und reden und erzählen! Die Nerven aber streikten noch nach einem Jahre. Und in jeder Nacht, wenn die Leuchtfeuer blinken, steht die furchtbare Reise in all ihren Einzelheiten klar und lebendig vor meinem geistigen Auge, und ich kann es nicht fassen und begreifen, diese wunderbare Errettung aus größter Not.“

Eisgang vor der Sylter Küste: Einer Morsumerin verlor in der weißen Wüste beinahe ihr Leben

EINE TÖDLICHE FÄHRTE

Sie wollten ihren Liebling retten – und liefen in den Tod. Am 14. Januar 1982, es sind nur noch wenige Gäste auf der Insel, unternimmt ein junges Hamburger Ehepaar einen Strandspaziergang. Vor der Küste türmen sich meterhoch die Eisschollen, der Winter hält das Meer in eisigem Griff. Es ist 14.45 Uhr, als der bislang folgsame Cockerspaniel unterhalb des Kampener Kliffs seine eigenen Wege geht – geradewegs aufs Eis hinaus. Eine tödliche Fährte: Nach einigen Metern bricht das Tier ein, strampelt winselnd im eisigen Wasser. Ohne zu überlegen setzen Frauchen und Herrchen dem Hund nach. Der Rettungsversuch weitet sich zur Katastrophe aus: Auch die beiden Menschen brechen im Eis ein.

Eine Spaziergängerin beobachtet das Drama. Sie hastet den Strand hinauf, trifft einen Mann. Es ist der Pächter des oberhalb des Kliffs gelegenen Restaurants „Sturmhaube". Der Gastronom eilt in das Restaurant, alarmiert die Feuerwehr und rennt mit einem Seil in der Hand hinab zur Unglücksstelle. Dort versuchen bereit mehrere Spaziergänger, dem eingebrochenen Mann eine Hundeleine zuzuwerfen. Doch plötzlich ist er im Eiswasser verschwunden.

Minuten später treffen die ersten Kampener Feuerwehrmänner ein und legen Leitern aufs Eis, tasten sich auf allen Vieren vor. Später folgen Taucher, auch ein Rettungshubschrauber kreist über dem Kliff. Doch die Suche bleibt erfolglos. Nur der abgestellte Wagen mit Hamburger Kennzeichen findet sich auf dem Parkplatz der „Sturmhaube". Eine Woche später treibt der Kadaver des Hundes an einer Buhne nördlich von Kampen an. Die Leichen seiner Besitzer gibt das Meer erst Wochen später frei.

Feuerwehrmänner suchen das Eis ab, ein Rettungshubschrauber kreist über dem Meer.
Doch die Suche nach zwei vermissten Spaziergängern bleibt erfolglos

Suizide

„... HATTE ABER EINEN HANG ZUR SCHWERMUT"

Auf dem Friedhof an der ehrwürdigen Keitumer Kirche künden einige alte Grabsteine von längst Verstorbenen, darunter auch „Jay Sörens, geboren den 24. Juni 1778, erlebt ein Alter von 38 Jahre, 7 Monate, 18 Tage". Welches Schicksal dieser Frau in den besten Jahren widerfuhr, verrät der Eintrag im Kirchenregister: „Jay Sörens aus Keitum, Tochter des seefahrenden Peter Jens Sörens, sie ist gestorben am 13. Februar 1817, beerdigt am 14. Februar. Sie führte immer einen unsträflichen Lebenswandel, hatte aber einen Hang zur Schwermut, der durch häusliche Umstände so vermehrt wurde, dass sie den Selbstmord vorbereitet tat. Des nachts verließ sie im Stillen das Bett und stürzte sich in den Brunnen einer Nachbarin. Dort ward sie des nächsten Vormittags gefunden. Sie ward gegen Abend in aller Stille beerdigt, nur mehrere Verwandte und Freunde gaben ihr das Geleit. Sie hinterlässt drei Kinder, nämlich Andreas, Jens und Diur."

DIE LEICHE AM GENFER SEE

Es ist ein frostiger Februartag, als die Wellen des Genfer Sees einen leblosen Körper an die Ufergestade spülen. Der Tote hat seinem Leben ganz offensichtlich mit einem gezielten Pistolenschuss ein Ende gesetzt. Die Ermittlungen der Polizei ergeben, dass es sich um eine Fremden handelt, der zum Sterben von weit her kam. Sein Name ist Uwe Jens Lornsen. Sein Alter: 44 Jahre. Die Insel Sylt hat an diesem 13. Februar 1838 ihren größten politischen Visionär verloren.

Uwe Jens Lornsen wird 1793 in Keitum in ein altes Sylter Seefahrergeschlecht hinein geboren. In jungen Jahren verlässt er seine Heimatinsel, um in Kiel und Jena Rechtswissenschaft zu studieren. In dieser Zeit wird er mit dem Gedankengut der freiheitlichen Nationalbewegung konfrontiert. Die Studienzeit begründet sein Interesse für die Politik in einer Zeit, in der Schleswig-Holstein noch ganz

Reiste zum Sterben in die Schweiz: Uwe Jens Lornsen

unter dem Einfluss der dänischen Krone steht. 1830 wird Lornsen zum Landvogt von Sylt ernannt. Zeitgleich tritt er erstmals als politischer Agitator in Erscheinung. Er verfasst eine Schrift mit dem Titel „Über das Verfassungswerk in Schleswig-Holstein", in der er für eine Justiz- und Verwaltungsreform sowie für mehr Selbstbestimmung der beiden Herzogtümer Schleswig und Holstein plädiert. Die Schrift sorgt in Schleswig-Holstein für Aufsehen – und veranlasst die dänische Krone zum sofortigen Handeln: Lornsen ist als Landvogt gerade zehn Tage im Amt, da wird er abgesetzt und in der Folge zu einjähriger Festungshaft verurteilt. Nach deren Verbüßung kehrt der Dissident wieder nach Sylt zurück.

Doch sein Befinden verschlechtert sich mehr und mehr. Lornsen glaubt, an einer unheilbaren Hautkrankheit zu leiden, und zeigt manisch-depressive Züge. 1833 wandert er nach Brasilien aus, um sich im dortigen Klima auszukurieren. Als er erfährt, dass seine Schwester Erkel schwer erkrankt ist, kehrt er nach Europa zurück. Doch er kommt zu spät: Erkel ist bereits verstorben. Vermutlich war dies der Auslöser für den folgenschweren Entschluss. Die Autopsie ergibt: „Das Opfer hat sich leichte Wunden an den Venen in der Armbeuge beigebracht und mit einem Pistolenschuss unmittelbar das Herz getroffen."

Der Gemahl, der kein Knecht sein wollte

Im Jahre 1864 steht Sylt wie das übrige Schleswig-Holstein unter dänischer Herrschaft. Doch Preußen streckt die Finger nach den Herzogtümern Schleswig und Holstein aus, beginnt im Verbund mit Österreich einen Krieg gegen Dänemark. Eilig schwärmen die Dänen aus, um Soldaten anzuwerben – auch auf Sylt. Doch hier besteht wenig Neigung, der dänischen Krone Leib und Leben zu opfern. Also werden viele Sylter zwangsrekrutiert. Einige Männer versuchen diesem Los zu entgehen, indem sie sich verstecken. Auch einen Archsumer vermögen die dänischen Patrouillen nicht aufzuspüren und greifen daher zu einem rabiaten Mittel: Obwohl seine Frau ein schwerkrankes Kind zu pflegen hat, wird sie als Geisel inhaftiert. Der Plan geht auf: Der Gesuchte stellt sich wenig später. Zwar kehrt er unbeschadet aus dem Krieg zurück, doch war seine Frau mittlerweile „in geistige Umnachtung gefallen". Ein Zeitzeuge berichtet weiter: „Sie sah ihn fortan nicht mehr als ihren Gemahl, sondern als Knecht an. Einige Jahre ertrug er dieses Schicksal, dann wählte er aus Verzweiflung den Freitod."

Der Freitod des Schauspielers

Es ist der letzte Novembertag des Jahres 1999, als ein Spaziergänger am Strand im Norden Westerlands einen grausigen Fund macht: Das Meer hat eine Leiche angespült. In der Nähe liegt ein herrenloser Rucksack mit einem gut gefüllten Portemonnaie und Ausweispapieren. Daher ist die Identität des Toten schnell geklärt: Der Pass lautet auf den Namen des Theaterschauspielers Ulrich Wildgruber, der an namhaften deutschen Bühnen tragende Rollen wie König Lear, Hamlet oder Macbeth gespielt hatte und sogar einmal Filmpartner des legendären Schauspielers Robert Mitchum war.

Von seiner Lebensgefährtin war der 62-Jährige in Berlin bereits als vermisst gemeldet worden. Zudem hatte er daheim Suizidabsichten geäußert. Am 29. November reist Wildgruber mit dem Zug von Berlin nach Westerland. Sein Weg führt ihn zum Strand.

Eine Verzweiflungstat

Ihre Wohnung sollte zwangsgeräumt werden – das trieb eine Westerländerin im Juli 2003 zu einer Verzweiflungstat: Die 48-Jährige legte in ihrer Wohnung am frühen Morgen Feuer, verschloss die Haustür und ging zum Strand, wo sie in die Fluten stieg. Gegen 6.30 Uhr rettete ein Spaziergänger die bewusstlose Frau, die vom Notarzt reanimiert werden konnte. Der Brand indes wurde erst eine gute Stunde später entdeckt. Das Feuer hatte sich noch nicht ausgedehnt und konnte bald gelöscht werden.

Ein Feuerwehrmann löscht das verbrannte Mobiliar ab, das seine Kameraden aus dem Fenster der Wohnung geworfen haben

Ein Selbstmörder bei bester Gesundheit

Dreister als die Polizei erlaubt: Ein Betrüger versuchte der Verfolgung zu entgehen, indem er im November 2003 auf Sylt seinen Freitod vortäuschte. Doch statt als Leiche im Meer wurde der Mann in bester Gesundheit am Bodensee gesichtet.

Zunächst sah alles nach einem tragischen Selbstmord aus, den ein Kaufmann in auswegloser Finanzlage beging: Der 31-Jährige aus dem hessischen Friedberg hatte sich für eine

Woche in einem Westerländer Hotel eingemietet. Dort fand ein Zimmermädchen am Abreisetag einen vierseitigen Abschiedsbrief, eine halbleere Flasche Wodka und Schlaftabletten. Als die Polizei wenig später am Strand mehrere Kleidungsstücke und den Ausweis des Mannes auffand, schien der Fall klar. Doch die Kripo wurde stutzig: Denn neben dem Hund blieb auch der Porsche des Vermissten unauffindbar. Diesen Wagen hatte der Kaufmann kurz zuvor von einem Händler ergaunert, ohne den Kaufpreis von 93.000 Euro zu bezahlen.

Tatsächlich war der Gesuchte nicht ertrunken, sondern lediglich untergetaucht: Der Gauner hatte zwischenzeitlich unter falschem Namen ein Hotelzimmer am Bodensee angemietet. Zudem hatte er erfolglos versucht, den Porsche für 65.000 Euro zu verkaufen.

VERMEINTLICHE RETTUNG

Er kam nach Sylt, um zu sterben: Ein 37-jähriger Urlauber schwamm im Mai 2005 im Süden Westerlands in voller Bekleidung ins Meer hinaus. Dabei blieb er nicht unbeobachtet: Ein Kurkartenkontrolleur alarmierte die Polizei. Als der Lebensmüde auf Zurufe nicht reagierte, entledigte sich eine Polizistin ihrer Uniform und brachte den Mann wieder sicher an Land. Die Vernehmung gab weitere Aufschlüsse: Bei dem Geretteten handelte es sich um einen schwedischen Staatsbürger, der Liebeskummer als Beweggrund für seinen Selbstmordversuch angab. Tragisches Nachspiel: Wenige Tage später brachte sich der Mann dann doch noch um.

Vorläufige Rettung: Eine Polizeibeamtin und ein Helfer
ziehen den Lebensmüden an Land

TÖTUNGSDELIKTE

MORD IN DER HOCHZEITSNACHT

Dass sich Menschen gegenseitig nach dem Leben trachten, ist eine verwerfliche Begleiterscheinung seit Kain und Abel. Auf Sylt reichen die Aufzeichnungen über mörderische Anwandlungen mehr als 300 Jahre zurück. Ausgerechnet bei Hochzeitsfeiern kam es früher nicht selten zu erschreckenden Vorkommnissen, wenn von Bier und Branntwein erhitzte Gemüter in Wallung gerieten. Über einen solchen Fall ist vermerkt: „Nis Bohn, Strandvogt in Rantum, machte im Jahre 1694 Hochzeit, wobei die Gäste in Streit gerieten. Der Bräutigam hielt es für seine Pflicht, die schlagenden Männer durch Güte auseinander zu bringen. Dies aber hatte zur Folge, dass er tot gestochen wurde."

Auch in der Folgezeit kam es auf Sylt erschreckend häufig zu Tötungsdelikten, wobei die Schuld nicht immer erwiesen war. Ein Chronist hielt den folgenden Vorfall fest: „Zu Beginn des 19. Jahrhunderts wurde in Westerland ein Zimmermann vom Festland mit Namen Johann Hinrichsen sesshaft, der sich als Wunderdoktor ausgab und von vielen abergläubischen Syltern um Rat gefragt wurde. Doch als im Jahre 1815 seine Frau ganz plötzlich verstarb, ging das Gerücht um, er habe sie vergiftet. Die Leiche seiner Frau wurde wieder ausgegraben und untersucht, doch konnte ein Mord nicht nachgewiesen werden. Nach seiner Freilassung war Johann Hinrichsen aber ein ruinierter Mann, der die letzten Jahre seines Daseins in höchst traurigen Umständen im Armenhaus verlebte."

Zwei weitere Beispiele aus Protokollen der Sylter Landvögte: „1877, den 26. Juni, wurde die Witwe Christina Gesing von dem Arbeitsmann Sönnich Lander, ein Taugenichts, der mit ihr einige Jahre gelebt hatte, in ihrem Stalle südlich von Munkmarsch erhängt aufgefunden. Er ward gleich auf Verdacht, sie ermordet zu haben, ins Gefängnis eingezogen, da er aber nichts bekennen wollte, bald wieder frei gelassen. Bald nachher hat er sich, nachdem er sich zuerst in die Brust geschossen, selbst erhängt, und ist demnach tatsächlich als Mörder der Witwe angesehen worden. 1878, den 4. September, wurde von zwei Knaben an einem Wege bei Keitum ein ermordetes Kind gefunden. Der Verdacht fiel auf Ingelina Nielsen, eine 32 Jahre alte Magd aus Keitum. Sie wurde ins Gefängnis gebracht und am 13. Juni des Jahres 1879 vom Schwurgericht in Flensburg zu vier Jahren Zuchthaus verurteilt. Ingelina Nielsen aber blieb bis zum Ende ohne Reue über ihre schauderhafte Tat."

TODESSTRAFE FÜR EHEBRECHER

Ein Seitensprung kostet heute schlimmstenfalls die Scheidung. Früher musste man dafür unter Umständen mit dem Leben bezahlen. Denn mit Ehebrechern gingen die Sylter hart ins Gericht. Wer einmal sündigte, dem wurde eine unmissverständliche Warnung erteilt: Vermummte Gestalten lauerten dem Ertappten bei Dunkelheit auf und führten ihn, ohne ein Wort zu reden, zu einem steilen Abhang, vor ein tiefes Wasser oder an ein offenes Grab, wo sie ihn stehen ließen. Wer aber weiterhin vom Pfad der Tugend abwich, um den war es geschehen, dann wurde der Ehebrecher nachts gewaltsam zum Meer geschleppt und dort ertränkt. Die letzte überlieferte Tötung dieser Art hat sich auf Sylt im Jahre 1640 zugetragen.

GIFTMORD IN KEITUM

Es war an einem tristen Herbsttag des Jahres 1756, als unvermittelt und im besten Alter die Frau des Keitumer Müllers, Kressen Heicken Möller, verstarb. Das plötzliche Ableben nährte die Gerüchteküche im Dorf. Am vorgesehenen Tage der Beerdigung wurde diese kurzfristig aufgeschoben und auf Anweisung des Landvogts eine Obduktion vorgenommen. Es stellte sich heraus: Kressen Heicken Möller war vergiftet worden.

Eine der Tat Verdächtige war schnell gefunden: Die Magd Catharina Ercken, 29 Jahre jung, „die mit dem Müller Heicken Möller sehr verdächtig gelebt", wurde sogleich verhaftet. Die Verdachtsmomente erhärteten sich, „da Heicken Möller selbst von der Insel entflohen war". Doch Catharina Ercken schwieg beharrlich. Erst nach vier Jahren Kerkerhaft im nahe gelegenen Tondern offenbarte sich die Beschuldigte. Ja, sie habe an jenem schicksalhaften Tag Gift mit Zucker vermischt, damit ein Butterbrot bestreut und es Kressen Heicken Möller aufgetischt. Ihr plausibles Motiv: Sie wollte den Müller nach dem Tode seiner Frau heiraten.

Auf Urteil des Sylter Rates wurde Catharina Ercken am 24. Oktober 1760 enthauptet. Bei dieser Hinrichtung wurde nach altem Brauch „der Kreis geschlagen". Die Männer – auf Sylt war dieser Ritus nur den Seefahrern vorbehalten – bildeten dabei einen Ring, der als germanisches Symbol für Heiligkeit und Unverletzlichkeit stand. Im Falle der Catharina Ercken befand der Sylter Rat indes: „Die Inquisitin ist auf Sylt geboren und hat hier viele Verwandte, so dass dieselbe vielleicht Gelegenheit zur Flucht finden könnte." Daher wurde eine Anzahl von Männern aus Tondern mittels der Schenkung einiger Tonnen Bier dazu bewogen, bei der Hinrichtung der Delinquentin den Kreis zu schlagen.

„Sogleich wurden wir mit Pfeilen beschossen"

Auch in der Ferne konnte für Sylter der Tod lauern. Als Handelsschiffer fuhren sie im 19. Jahrhundert über die Weltmeere, doch wurden sie nicht überall gastfreundlich empfangen. Von einem solchen Schicksal ist nachfolgend die Rede:

1856 lief von Hamburg die Brigg „Posa" unter Führung des Kampener Kapitäns Meinert Boysen gen Hongkong aus, doch ihr Ziel sollte sie nie erreichen. Am 9. Januar 1857 rammte das Schiff in der Molukken-See ein Riff. Der Schiffsjunge dokumentierte die weiteren Ereignisse minutiös: „In sengender Sonne trieben wir 13 leidvolle Tage der Verzweifelung nahe in einem kleinen Boot umher, als wir endlich Land ereichten. Am Ufer sahen wir Kanus von Wilden, welche wir anriefen, ohne Antwort zu erhalten. Diese Menschen sahen ganz schrecklich aus, trugen lange Messer, Bogen und Pfeile und sahen so grimmig aus, dass man von Furcht befallen wurde. Sogleich wurden wir von ihren Kanus verfolgt und mit Pfeilen beschossen, so dass wir alle verwundet wurden und unser Obersteuermann tot auf die Seite sank. Abgemattet von den langen Entbehrungen und ohne Waffen konnten wir keine Gegenwehr tun, und erst bei Einbruch der Dunkelheit zogen sich die Wilden zurück. Bald darauf stießen wir wieder auf Land, wo unser Kapitän Meinert Boysen an seinen Wunden verstarb. Doch fanden wir auf der Insel Wasser und Früchte, die wir, obgleich sie uns unbekannt, verzehrten. Als wir in das Boot stiegen, griffen uns wiederum Wilde an, beschossen uns mit Pfeilen und fügten uns neue Wunden zu. Da sprangen vier von uns, die nicht schwimmen konnten, über Bord, denn ihnen erschien der Tod in den Wellen besser als in die Hände dieser Ungeheuer zu fallen. Uns übrige brachten die Wilden an Land und in ihr Dorf. Warum sie uns nicht gleich umbrachten, weiß ich nicht. Sie pflegten stattdessen unsere Wunden, für unseren Koch aber kam die Hilfe zu spät. Wir schienen ohne Aussicht, aus der Gefangenschaft befreit zu werden, als eines Tages zwei Missionare ins Dorf kamen. Diesen braven Herren können wir nicht genug danken, weil sie uns mit Perlen, Messern und anderen Dingen loskauften. So gelangten wir in Freiheit und erfuhren erst später, dass wir gegen zwei Monate unter den Wilden gelebt hatten. Mit einem holländischen Dampfboot gelangten wir auf die Insel Ambeina, wo wir im dortigen Hospital zwei Monate lang be-

handelt wurden. Endlich kamen wir in Hamburg wohlbehalten an und dankten Gott, der uns errettet hat. Von unseren zehn Mann Besatzung hatten nur drei überlebt."

In der Ferne wurden Sylter zu Opfern von Wilden

DER TOTE IM KANALSCHACHT

Es gibt sicherlich angenehmere Aufgaben als jene, die Karl-Ludwig Klemm* bei sengender Hitze am Nachmittag des 25. Juli 1961 ausführen muss. Während sich am nahen Strand die Urlauber in der prallen Sonne aalen, läuft der städtische Arbeiter auf dem schmalen Fußweg, der am Fuße der Westerländer Dünen von der Käpt'n-Christiansen-Straße zum Gaadt verläuft, von einem Gully zum nächsten. Mit einem Haken öffnet er die Kanaldeckel, dann zieht er die Schlammfangeimer heraus, in denen sich allerlei Unrat angesammelt hat. Ein Schacht scheint besonders stark verstopft zu sein – rund um den Deckel hat der ausgiebige Regen von vorletzter Nacht eine große Pfütze hinterlassen. Als Klemm den Gullydeckel öffnet, weicht er erschrocken zurück: Kopfüber steckt ein Toter im Abfluss.

Die Todesursache ist offenkundig: Um den Hals ist ein Lederriemen geknüpft, mit dem der junge Mann erwürgt wurde. Bereits am nächsten Tag hat die Kriminalpolizei ermittelt, um wen es sich bei der männlichen Leiche, bekleidet mit einer blauen Nietenhose und einem braunen Pullover, handelt. Es ist der 17-jährige Lehrling Gerrit Dagowski* aus Hamburg. Vom 3. bis zum 11. Juli hatte er auf dem nahe gelegenen Campingplatz gezeltet und war dann spurlos verschwunden. Auch einen Tatverdächtigen gibt es schon: Winfried Wohlfromm*, 18 Jahre alt, ebenfalls Lehrling und aus Hamburg stammend. Er hatte den Urlaub gemeinsam mit Dagowski verbracht, reiste dann aber vorzeitig ab. Gegenüber der Kripo erklärt er, mit seinem Freund in Streit geraten zu sein. Den Mord weist Wohlfromm entschieden von sich – nach ausgiebigen Verhören wird er wieder auf freien Fuß gesetzt.

Die Kripo sucht nun dringend Zeugen, die Gerrit Dagowski vor seinem Ableben noch gesehen haben. Auch werden einige Habseligkeiten des Toten vermisst, darunter „ein Paar schwarz-weiße Halbschuhe, eine schwarze Lederjacke mit Stickereien an den Ärmeln, ein gelb-orange-farbenes Zweimannzelt und eine Herrenarmbanduhr, Marke 'Kienzle', rund, mit dunklem Ziffernblatt." Für Hinweise, die zur Ergreifung des Täters führen, wird eine Belohnung in Höhe von 3000 Mark ausgesetzt.

Am 1. August rückt ein Trupp der Bereitschaftspolizei vom Festland an und durchkämmt das Areal um den Fundort nach den vermissten Gegenständen. Die Beamten werden nicht fündig, wohl aber spielende Kinder: Sie entdecken in den Dünen das gesuchte Paar Schuhe.

Im März 1962 werden die Ermittlungen ohne weitere konkrete Ergebnisse abgeschlossen, obwohl unter anderem bundesweit rund 800 Personen befragt wurden, die zum Zeitpunkt des Verschwindens von Gerrit Dagowski auf dem Campingplatz eingemietet waren. Nun wendet sich die Staatsanwaltschaft wieder dem ursprünglichen Tatverdächtigen zu: Gegen Winfried Wohlfromm wird vor der Jugendstrafkammer des Landgerichts Flensburg Anklage wegen Mordes erhoben. Die Ermittler haben sich inzwischen intensiver mit Wohlfromm beschäftigt, und sein Leumund ist nicht der beste: Drei Mal bereits wechselte er die Lehrstelle, mehrfach war er in Schlägereien verwickelt und hatte mit Gaspistolen hantiert. Da Wohlfromm die Tat weiterhin abstreitet und es keine Augenzeugen gibt, läuft alles auf einen Indizienprozess hinaus.

„Wenn ich wirklich der Täter wäre, würde ich das hier auch eingestehen", betont der Angeklagte am ersten Prozesstag im September 1962. Dann berichtet Wohlfromm, wie er mit seinem Freund am Morgen des 3. Juli 1961 die Reise nach Sylt antrat, auf zwei Mopeds, mit 160 Mark als Urlaubskasse für zwei Wochen Ferien. Doch schon am nächsten Morgen kam es auf dem Campingplatz wegen des Abspülens von Geschirr zu ersten Reibereien. Auch am Abend gab es Misstöne: „Wir gingen in ein Tanzlokal, aber Gerrit hat mich vor den Mädchen lächerlich gemacht und mir alles versaut." Die Zwistigkeiten setzten sich fort, bis Wohlfromm schließlich vorzeitig abreiste. Der als Zeuge geladene Leiter des Campingplatzes sagt dazu allerdings aus, dass Wohlfromm das Zwei-Mann-Zelt auf Stellplatz 129 am 11. Juli komplett abgemeldet habe; zwei weitere Zeugen, die ihr Zelt vis-à-vis von Wohlfromm und Dagowski aufgeschlagen hatten, erklären dem Richter, dass sie Dagowski nicht ein einziges Mal gesehen hätten.

Am vierten Verhandlungstag bahnt sich im Gerichtssaal eine Sensation an. Denn ganz plötzlich steht Walter Kannengießer* unter dringendem Tatverdacht. Ein Zeuge hatte dem Richter zuvor beiläufig erzählt, dass Kannengießer, wohnhaft in unmittelbarer Nähe der Fundstelle des Toten, des öfteren nachts Männerbesuch empfing. Ja, er fühle sich von jungen Männern angezogen, gesteht der 55-jährige Bauarbeiter im Zeugenstand ein und belastet sich selbst: Einem seiner Liebhaber habe er im Streit gedroht „Du kommst gleich unter den Kanaldeckel!"

Polizeibeamte führen Winfried Wohlfromm* zur Tatortbegehung

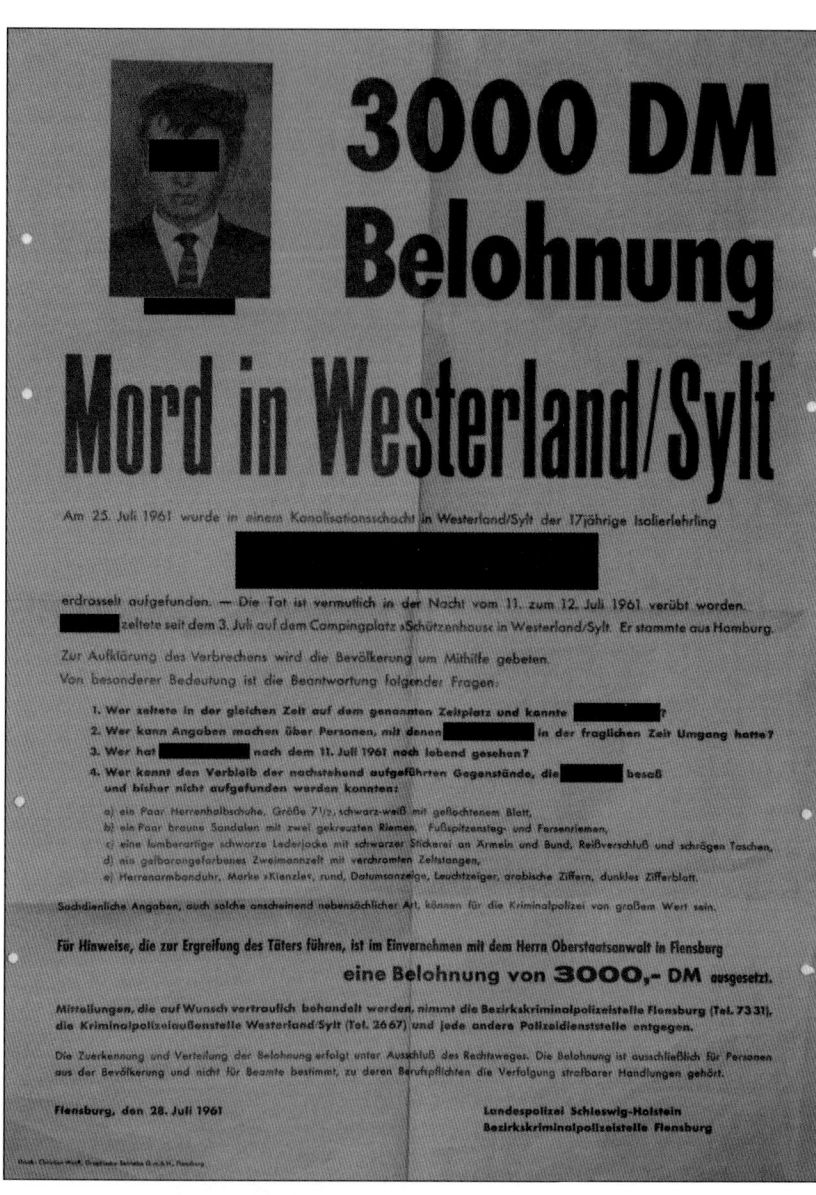

3000 Mark Belohnung: Mit diesem Fahndungsplakat
ersuchte die Kripo die Bevölkerung um Hinweise

Der bekennende Alkoholiker mit dem ausgemergelten Gesicht („Ich bin wohl ein halt-
loser Trinker") will zudem nicht ausschließen, dass er Dagowski womöglich in einem
Lokal kennen gelernt und mit ihm gemeinsam den Heimweg angetreten habe. Noch im
Gerichtssaal wird Kannengießer auf Weisung des Staatsanwalts festgenommen.

Und wieder kommt es zu einer überraschenden Wende: Am Tag nach seiner Verhaftung
wird Walter Kannengießer auf freien Fuß gesetzt – die Beweislage konnte den Haftrichter nicht überzeugen. Ein neuer Zeuge belastet indes den Angeklagten Winfried Wohlfromm: In einem Verhör, so versichert der Kriminalbeamte, habe Wohlfromm ausgesagt:
„Ich würde es wohl sagen. Aber ich habe Familie und Freunde, da kann ich nicht nur an
mich denken." Der Vernehmer resümiert: „Ich hatte den Eindruck, dass Herr Wohlfromm in diesem Moment stark mit sich rang."

Am sechsten Prozesstag beendet der Staatsanwalt sein zweistündiges Plädoyer mit dem An-
trag, gegen Wohlfromm gemäß Jugendstrafrecht die Höchststrafe von zehn Jahren wegen
Mordes zu verhängen. „Verblüffend" nennt der Verteidiger die Beweisführung der Staatsanwaltschaft. Die Indizienkette sei brüchig – und ein Freispruch die logische Konsequenz.
Das letzte Wort hat der Angeklagte selbst: „Ich kann nur wiederholen: Ich bin unschuldig!"

Sieben Jahre wegen Totschlags. So lautet der Urteilsspruch am siebten und letzten Ver-
handlungtag. Winfried Wohlfromm nimmt das Urteil ohne sichtbare Regung auf.

Der Gully, in dem die Leiche steckte, ist noch heute auf dem Fußweg entlang der Dünen existent

Die „Höllenengel" und der Discomord

Im April 1980 erscheinen in der Sylter Tageszeitung mehrere Traueranzeigen. „Unser Freund und Kollege 'Teddy' ist plötzlich von uns gerissen worden. Wir sind über die Tat tief erschüttert", steht da zu lesen und auch „Wir trauern um unseren künftigen Schwiegersohn". Jeder Sylter weiß, welch erschütterndes Drama sich hinter diesen Worten verbirgt, denn der feige Mord, dem Theo „Teddy" Güskgens* zum Opfer fiel, ist das Gesprächsthema Nummer eins auf der Insel. Die Täter: Mitglieder der berüchtigten Rockergang „Hell's Angels". Weil zwei von ihnen eines Lokals verwiesen wurden, schworen sie blutige Rache – und beließen es nicht bei Worten.

Es ist nicht das erste Mal, dass die Rocker auf Sylt zu Gast sind. Ein Jahr zuvor, im Sommer 1979, fanden sich rund 60 „Höllenengel" auf Sylt zum „Europatreffen" ein. Auf einer Wiese

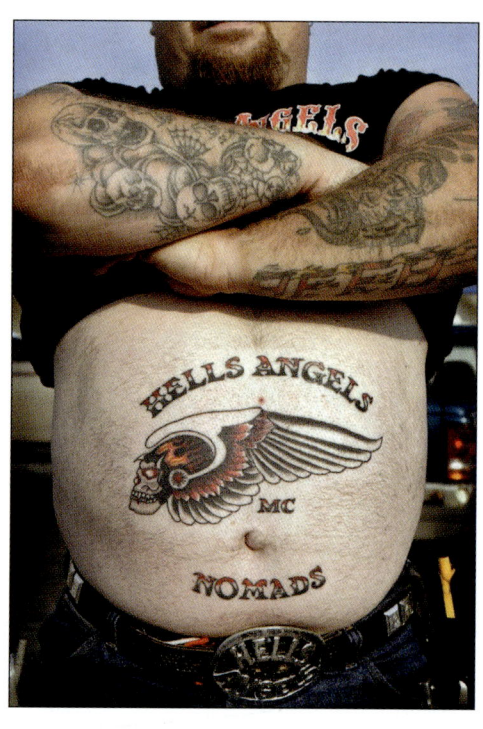

Weil sich ein „Hell's Angel" in seiner Ehre gekränkt fühlte, musste auf Sylt ein Mensch sterben

schlugen sie ihre Zelte auf; die Bauern hatten zuvor das grasende Vieh auf den Nachbarweiden aus Vorsicht in den Stall geholt, die Polizei beäugte das Camp mit Ferngläsern – doch die rauhbeinigen Rocker verhielten sich friedlich.

Zum Osterfest 1980 reisen wieder 15 „Hell's Angels" nach Sylt. Die Hamburger Rocker haben einen Kumpan aus den USA im Schlepptau – Charles Miller*, ein „Angel" der besonders harten Sorte. Am Karfreitag reisen die schweren Jungs mit dem Zug an, ihre Motorräder haben sie diesmal daheim gelassen. Der erste Weg führt in das Clubheim des Taubenzüchtervereins nahe Keitum. Hier feiert ein Sylter Motorradclub eine große Jubiläumsparty, es wird eine lange und feucht-fröhliche Nacht. Am nächsten Abend gibt es dann zum ersten Mal Zoff: In einer Westerländer Kneipe geraten die „Hell's Angels" mit Gästen aneinander und zerschlagen Mobiliar. Dies ist der Auftakt zu einer blutigen Osternacht. Es ist gegen 3 Uhr morgens am Ostersonntag, als sich Charles Miller und ein Kumpel von der Gruppe lösen und in stark angetrunkenem Zustand Einlass in die Discothek „Riverboat" nahe des Westerländer Bahnhofs begehren. Als Geschäftsführer „Teddy" Güskgens die späten Gäste abweist, fühlt sich Miller in seiner Ehre tief gekränkt. Er fuchtelt mit einem Messer herum und droht Güskgens: „We'll be back and I will kill you!" Güskgens nimmt die Drohung nicht ernst. Zu seinen Angestellten sagt er: „Legt mir hinterher Blumen aufs Grab, falls die wiederkommen."

Es ist kurz nach 5 Uhr. Das „Riverboat" hat längst geschlossen, doch noch immer halten sich vier Personen im Haus auf: „Teddy" Güskgens, Discjockey Peter Lauritzen* und zwei Kellnerinnen sind noch mit den Abrechnungen beschäftigt. Nun aber wird es endgültig Zeit für den Feierabend. Als der Geschäftsführer die Tür öffnet, ist dies der Augenblick, auf den Charles Miller draußen gelauert hat. Er ist mit der gesamten Gruppe

In dieser Discothek geschah der Mord

angerückt – 15 Rocker stürmen das Lokal. Sie demolieren die Inneneinrichtung und zertrümmern die Musikanlage. Dann gehen sie auf die beiden Männer los. Peter Lauritzen wird in dem Kampfgetümmel durch 16 Messerstiche lebensgefährlich verletzt. Neben ihm liegt regungslos „Teddy" Güskgens auf dem Parkett. Messerstiche in Leber und Nieren und ein schwerer Hieb auf den Kopf haben den 37-jährigen Sylter niedergestreckt.

Als die „Hell's Angels" die Discothek nach einer halben Stunde verlassen haben, kriechen die beiden Kellnerinnen unter den Tischen hervor, wo sie zuvor Zuflucht gesucht hatten. Eine der Frauen rennt zum nahe gelegenen Taxistand und holt Hilfe. Für „Teddy" Güskgens kommt sie zu spät.

Die Tatverdächtigen sind schnell gefunden: Mehrere „Hell's Angels" werden noch auf der Insel verhaftet; Charles Miller und ein zweiter Rocker versuchen, im Nebel zu Fuß über den Hindenburgdamm zu flüchten, doch auch sie werden gestellt. Das weitere Procedere gestaltet sich jedoch schwierig: Die Verhafteten schweigen eisern. „Die Statuten dieses Clubs sorgen für großen Zusammenhalt. Keiner verriet uns daher, wer zustach und zuschlug", berichtet der Leiter der Mordkommission.

Als es im März 1981 zum Prozess kommt, ist auch der Kronzeuge eine unsichere Stütze: Discjockey Peter Lauritzen ist sich nun „nicht mehr sicher", was in jener Nacht genau geschah. Er könne sich nur noch an Schatten erinnern, dann sei er durch einen Schlag auf den Kopf ohnmächtig geworden, beteuert der verschüchterte Zeuge. Letztendlich reicht es dann nur zu einem Schuldspruch – der 27-jährige Ron Ebeling* wird wegen „gemeinschaftlich begangener Körperverletzung" zu einer fünfjährigen Freiheitsstrafe verurteilt. Der mutmaßliche Haupttäter Charles Miller kann vorerst nicht belangt werden: Er war gegen eine Kaution von 20.000 Mark auf freien Fuß gesetzt worden und daraufhin prompt in die USA geflüchtet. Nachdem er Jahre später in San Francisco gefasst werden kann, wird der Prozess 1985 neu aufgerollt. Diesmal fällt der richterliche Entscheid drastischer aus: 13 „Hell's Angels" werden zu Haftstrafen zwischen sechs Monaten und sieben Jahren verurteilt. Nach Verbüßung der Haft kehrt Charles Miller in seine Heimat zurück, wo er schnell wieder in das kriminelle Milieu eintaucht. 1995 wird er von einem Gericht wegen Beteiligung an Geldwäsche und Rauschgifthandel zu einer mehrjährigen Gefängnisstrafe verurteilt.

MORD IN KAMPEN

Sepp Krottendorf* ist bester Laune. Soeben haben die beiden letzten Gäste des Abends sein Restaurant verlassen. Nun gilt es noch einige Unterlagen zu ordnen, Mitarbeiter zu instruieren und dann schnell ins Bett zu schlüpfen: Am nächsten Morgen soll für den aus Österreich stammenden Gastronomen der wohlverdiente Urlaub beginnen, die Saison war lang und anstrengend.

Doch alles kommt ganz anders.

Es ist kurz nach 1 Uhr am 14. Oktober 1984, als sich zwei Männer durch die Hintertür Zugang zu dem Kampener Restaurant „Manne Pahl" verschaffen. Die beiden hatten hier noch eine gute Stunde zuvor Champagner getrunken und das Lokal als letzte Gäste verlassen. Nun sind

In Handschellen führt ein Polizeibeamter einen der beiden Täter ab

sie zurück gekehrt und wollen Kasse machen. Sie treffen auf den Wirt Sepp Krottendorf, den sie niederschlagen, sowie seine Schwester und zwei Angestellte, die sie mit einer Pistole bedrohen. Alle vier werden gefesselt und geknebelt. Mit 20.000 Mark Beute verschwinden die Täter kurze Zeit später in der Dunkelheit.

Es ist gegen 7.30 Uhr, als sich Krottendorf von seinen Fesseln befreien kann und die Polizei alarmiert. Für einen seiner Leidensgenossen jedoch kommt die Hilfe zu spät: Der 24-jährige Koch Uwe Schlund* ist an seiner Knebelung erstickt. Zu diesem Zeitpunkt haben die beiden Täter die Insel gerade mit einem Mietwagen auf dem ersten Autozug des Tages verlassen. Doch schon zwei Tage später geraten zwei Verdächtige ins Visier der Kripo: Joost Burwitz* (36) und Tim Eichmann* (23). Die beiden Häftlinge der Justizvollzugsanstalt Wolfenbüttel sind bereits zur Fahndung ausgeschrieben: Burwitz war im Juli aus einem Hafturlaub nicht zurück gekehrt, Eichmann hatte die Gefängnismauer im September mit Hilfe einer Leiter überwunden. Am 18. Oktober werden die Gesuchten gefasst: Eichmann kann in einem Hotelzimmer in Rüdesheim am Rhein dingfest gemacht werden, Burwitz in einer Bar in Mainz, wo er bei seiner Festnahme heftigen Widerstand leistet. Beide gestehen im Verhör den Überfall. 1988 werden sie zu lebenslanger Haft verurteilt.

Ein hinterhältiger Überfall

Es scheint ein lohnender Abend zu werden für Rudolf Rudnik*. Um 18 Uhr hat seine Schicht an diesem 9. Oktober 2007 begonnen, zweieinhalb Stunden später kann der 55-jährige Taxifahrer bereits sechs Touren verbuchen. Und erneut meldet sich die Taxizentrale: „Ein Wagen in die Deckerstraße in Westerland." Rudolf Rudnik legt den Gang ein.

Es ist 20.35 Uhr, als ein junger Mann im Fond des VW „Passat Variant" Platz nimmt, der später vom Fahrer so beschrieben wird: „Etwa 20 Jahre alt, ca. 175-180 cm groß, schlanke Statur, blonde Haare, gepflegte Erscheinung." Der Fahrgast verhält sich un-

auffällig und wird schnell am Ziel sein: Die Bötticher Straße ist nur ein paar hundert Meter entfernt. Doch kurz vor der Ankunft geschieht das Unerwartete: „Ich hatte mich noch ganz vernünftig mit dem Typen unterhalten, als sich seine Stimme urplötzlich veränderte. Und dann spürte ich schon etwas Spitzes an meinem Hals", gibt Rudnik später zu Protokoll. Es ist ein Messer

An dieser Stelle ereignete sich der brutale Überfall

mit einer langen Klinge, das der Unbekannte gezückt hat. Ohne Vorwarnung sticht er von hinten auf den Fahrer ein, verletzt ihn am Hals, am rechten Ohr, im Gesicht.

Unbewusst löst Rudnik die Füße von den Pedalen und fährt auf ein anderes Fahrzeug auf. Da lässt der Messerstecher von seinem Opfer ab, rennt davon. Rudnik taumelt aus dem Wagen, Anwohner leisten erste Hilfe. Die folgenden Tage muss der Taxifahrer im Krankenhaus verbringen. Seine Kollegen sind geschockt: „Dieser hinterhältige Überfall bedrückt uns alle", sagt einer von ihnen.

Rudolf Rudnik sitzt inzwischen wieder hinter dem Steuer. Der Täter wurde bis heute nicht gefasst.

LEBENSKAMPF IN DER TIERWELT

EIN WALROSS AUF DEM IRRWEG

Wer mit offenen Augen durchs Leben geht, sieht mehr als andere. Diese Erfahrung machte auch ein Kurgast, der am Lister Strand eigentlich nur ein Sonnenbad nehmen wollte. Doch dann mochte er an diesem heißen Julitag des Jahres 1960 seinen Augen kaum trauen: Meinte er doch tatsächlich, soeben in den Fluten ein mächtiges Walross erblickt zu haben. Doch so recht mag ihm dies keiner glauben, als er am Abend in geselliger Runde von seinem ungewöhnlichen Erlebnis berichtet. Wen wundert's auch? Schließlich leben Walrösser bekanntlich im fernen Polarmeer und an den Sylter Strand hat sich noch kein Vertreter dieser Spezies verirrt.

Wenige Tage später ist die Sensation perfekt: „Tatsächlich, ein Walross. Ich habe es an der Sylter Nordspitze gesehen", vermeldet der Lister Seehundjäger Curt Dethlefs. Jetzt häufen sich die Sichtungen. Fischer und Strandläufer sehen den massigen Körper aus den

Ende einer Odyssee: Das massige Tier liegt auf einem Steg am Lister Hafen,
nachdem es von einem Seehundjäger erlegt wurde

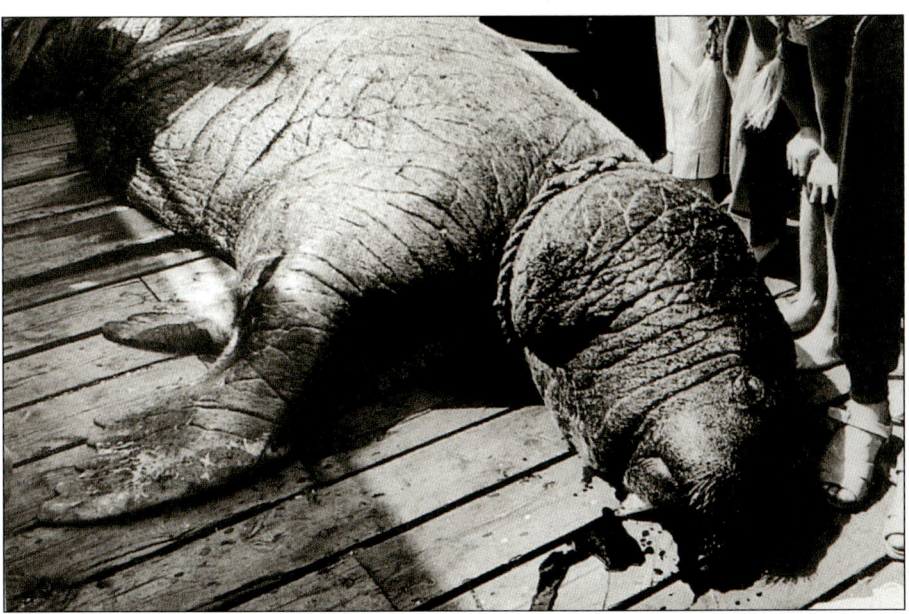

Fluten auftauchen. Zwei Jugendliche, die mit dem Boot hinaus aufs Meer zum Angeln fahren, werden von dem Tier sogar attackiert. Nun steht fest: Das Walross muss sterben, ehe es Schaden anrichtet.

Am 27. Juli entdeckt Curt Dethlefs das Tier am Strand des Ellenbogens und schießt es nieder. Mit einem Kran wird es im Lister Hafen von einem Schiff an Land gehievt. Zahlreiche Schaulustige bestaunen den wuchtigen Koloss, der da auf der Pier liegt. Vier Meter lang ist die

Auch die „BILD"-Zeitung berichtete im Juli 1960 ausgiebig über das Sylter Walross

Walrosskuh und 1500 Pfund schwer. Die Untersuchung ergibt: Der Irrgast war so oder so unweigerlich dem Tode geweiht. Abgemagert, der Magen fast leer, war das Tier dem Verhungern nahe.

Für die Presse war die Meldung ein gefundenes Fressen. „Zoologische Sensation!" und „Musste das Walross sterben?" rauschte es durch den deutschen Blätterwald. Ein Sylter Journalist sammelte die Zeitungsausschnitte: 114 Artikel kamen dabei zusammen.

Jagd auf die Seehunde

Wer könnte sich beim Anblick der possierlichen Seehunde mit ihren treuen Knopfaugen schon vorstellen, dass Sylter und Gäste früher aus reinem Vergnügen Jagd auf diese liebenswerten Tiere machten? Tatsächlich aber stellte die Seehundsjagd bis vor wenigen Jahrzehnten für die Sommerfrischler eine besondere Attraktion dar. „In Munkmarsch, List und Hörnum werden jetzt die Kutter aufgeklart, die Büchsen schussbereit gemacht.

Fragwürdige Freizeitbeschäftigung: Seehundjäger mit erlegten Tieren

Die Jagdzeit beginnt am 15. Juli", vermeldete die Sylter Kurzeitung im Sommer 1952.

Im 19. Jahrhundert ging man bei der Seehundsjagd nach Art der arktischen Robbenschlägerei vor: Die Jäger schlichen sich möglichst nahe an die auf Sandbänken ruhenden Seehunde heran, sprangen dann auf und erschlugen die arglosen Tiere mit Knüppeln. Ab etwa 1880 bürgerte sich die sogenannte Lockjagd ein. Dabei kam es allein auf die Geschicklichkeit des Jägers an, der sich flach auf eine Sandbank legte und die in der Nähe schwimmenden Seehunde dadurch anlockte, dass er sich wie ein Artgenosse benahm. „Eine gute Nachahmung des Robbens und Bellens der Seehunde ist notwendige Voraussetzung. Geht man dabei nicht geschickt genug vor, sind die Tiere im nächsten Augenblick im Meer verschwunden", erklärte ein Seehundjäger. Kamen die neugierigen Tiere schließlich auf die Sandbank gerobbt, setzte ein gezielter Schuss ihrem Leben ein jähes Ende. Wieder im Hafen angelangt, befolgten die erfolgreichen Schützen nur allzu gern die ebenso gängige wie makabre Devise ihrer Zunft: „Einen getroffen – einen gesoffen!"

Die Seehund-Seuche grassiert

Endstation Plastiksack. Stabile Folien hüllen die Körper ein, hinter der Schwanzflosse wird zugebunden. Sechs Tiere sind es, in einem Anhänger haben sie ihre vorläufig letzte Ruhestätte gefunden. Es werden nicht die letzten sein an diesem Tag im September 2002. Später werden die Kadaver zur Mülldeponie in Westerland verfrachtet. Von dort aus treten sie ihre letzte Reise an, zur Tierkörperverwertung auf dem Festland. Es gibt eine Feuerbestattung.

Nachdem bereits 1988 eine Seuche Tausende von Seehunden dahin gerafft hatte, grassierte 2002 erneut ein Virus. Das Sterben begann bei der kleinen dänischen Ostseeinsel Anholt und dehnte sich von dort über die Nord- und Ostsee aus. Rund 19.000 Seehunde, so die Schätzungen des schleswig-holsteinischen Umweltministeriums, waren es schließlich, die dem tückischen Staupevirus zum Opfer fielen.

Die Seuche hat ein Gesicht. Die Seehundjäger Claus Dethlefs und Olaf Winkel sehen es im Spätsommer 2002 jeden Tag, und jeden Tag öfter. „Seit einer

Unliebsames Strandgut: Die Seehundjäger Claus Dethlefs und Olaf Winkel verladen die verpackten Kadaver

Woche sind wir von morgens bis abends auf Achse. Das stresst", sagt Claus Dethlefs. Vor einer halben Stunde hat er wieder einen verendeten Seehund aufgelesen, ihn ordnungsgemäß verpackt, auf den Anhänger seines „Landrovers" gewuchtet. Nun ruht der frische Kadaver neben anderen Leidensgenossen. 15 tote Tiere haben die Sylter Seehundjäger an diesem Tag gefunden. „Vor ein paar Wochen waren es erst drei oder vier pro Tag, jetzt steigen die Zahlen sprunghaft." 72 waren es in dieser Woche.

Wie ein Sargdeckel schließt sich die Klappe des Anhängers über den Plastiksäcken. Die beiden Männer streifen sich die weißen Stoffhandschuhe ab und reiben sich die Hände mit Desinfektionsmittel ein. Zwar überträgt sich der Virus nicht auf den Menschen. Aber sicher ist sicher. „Man weiß ja nicht, was die sonst noch so an Infektionen und Parasiten mit sich rumschleppen."

Die Seuche hält die beiden Männer auf Trab, aber es beunruhigt sie nicht allzu sehr. Schließlich haben sie das 1988 alles schon mal erlebt. „Doch schon nach einigen Jahren hat sich die Population erholt. Das wird diesmal nicht anders sein", prophezeit Olaf Winkel.

Auch die Mehrzahl der Wissenschaftler hält das Seehundsterben für einen natürlichen Vorgang. „Viren, Bakterien und Parasiten sind Teil der Natur. Damit sind auch Epidemien und Seuchen natürliche Vorgänge. Durch sie wurde noch nie eine Tier- oder Pflanzenart ausgerottet", ließ das schleswig-holsteinische Umweltministerium verlauten.

„FAHREN SIE MICH BITTE ZUM WAL"

Gelegentlich findet sich am Sylter Flutsaum gewichtiges Strandgut: In den Jahren 1829, 1888, 1911 sowie 1918 etwa war es jeweils ein Finnwal, 1841 ein Schwertwal, und 1881 strandete gar der massige Körper eines Blauwals an Sylts Gestaden. Auch in jüngerer Zeit treibt gelegentlich ein solcher Koloss an. Im Juli 2000 etwa stoßen Spaziergänger am Strand von Kampen auf den Rumpf eines Zwergwals. 1500 Kilo schwer ist das 5,37 Meter lange Tier, doch da der Kopf fehlt,

Dieser 35.000 Kilo schwere Koloss strandete 1995 vor Wenningstedt

dürfte sich die ursprüngliche Länge auf knapp sieben Meter belaufen haben. Mit Hilfe von zwei Traktoren und einem Radlader schleppen Mitarbeiter der Kurverwaltung den Fund vom Strand.

Doch es kann durchaus noch gewichtiger kommen: Es ist ein klammer Morgen am 7. Februar 1995, die Temperaturen sind frostig und laden nicht gerade zu einem Spaziergang ein. Und so haben sich auch an den Strand von Wenningstedt zu dieser frühen Stunde kaum Menschen verirrt, nur vereinzelt sieht man hier und da in der Ferne ein paar schwarze Punkte – das sind die hartgesottenen Winterurlauber. Zwei von ihnen spazieren arglos plaudernd am Flutsaum entlang, als ihnen plötzlich ein mächtiges Hindernis den Weg versperrt. Was da liegt, das erkennt auch ein Laie auf den ersten Blick: Es ist ein großer, toter Wal.

Ein paar Stunden später herrscht am Wenningstedter Strand Hochsaison. Die Nachricht von dem ungewöhnlichen Fund hat sich auf Sylt wie ein Lauffeuer herumgesprochen, von einem Moment auf den anderen ist die Insel aus ihrem Winterschlaf erwacht. Mit Fernsehteams bepackte Hubschrauber kreisen über der Fundstelle. Die Taxifahrer haben Hochkonjunktur: „Fahren Sie mich bitte zum Wal", werden sie immer wieder gebeten. Am Strand surren ohne Unterlass die Videokameras. Die Kurverwaltung hat um den Wal herum Flatterbänder gespannt – „sonst schneidet sich noch einer ein Stück Schwanzflosse als Andenken ab", unkt der stellvertretende Kurdirektor. Wie recht er behalten soll – im Schutz der folgenden Nacht kommen die Souvenirjäger zum Zuge.

Der stattliche Bursche wirkt noch im Tode majestätisch: 18 Meter ist er lang, die Schwanzflosse misst im Durchmesser 3,50 Meter, und im Gewicht bringt er es wohl auf 35.000 Kilo. Der aufgeblähte Bauch und der süßliche Verwesungsgeruch sind für die herbeigeeilten Wissenschaftler untrügliche Kennzeichen, dass der Finnwal schon etwa zwei Wochen lang tot im Meer trieb und durch Strömungen aus dem Atlantik vor Sylt angedriftet wurde. „Die Haut ist glatt und fühlt sich an wie ein hart gekochtes Ei", befindet eine Biologin.

Zwei Tage lang läuft der Wal allen anderen Sylter Sehenswürdigkeiten den Rang ab, dann ist alles auf einmal ganz schnell vorbei: Arbeiter tranchieren den Koloss mit Kettensägen, in zwei großen Containern werden die Überreste zur Tierverwertungsanstalt aufs Festland gebracht. Wo der massige Körper eine tiefe Kuhle in den Sand gepresst hatte, hat die Flut bald alle Spuren verwischt.

Ungewöhnliches Strandgut: Spaziergänger beäugen
neugierig den Rumpf eines Zwergwals, der im Juli 2000 vor Kampen angespült wurde

Massenexodus der Jungheringe

„Igitt, wie eklig." So hatte sich die Sylt-Urlauberin aus Dortmund ihren Strandspaziergang nicht vorgestellt. Wenige Stunden zuvor erst angereist, wollte die ältere Dame im Juni 2007 eine ausgiebige Wanderung unternehmen – doch zwischen Westerland und Wenningstedt verging ihr die Lust: „Überall lagen tote Fische am Flutsaum, um die sich kreischende Möwen balgten. Der Geruch in der brütenden Sonne war auch wenig angenehm."

Zehntausende verendeter Jungfische säumten den Flutsaum eines etwa drei Kilometer langen Strandabschnitts. Zwei Ursachen machte der Sylter Umweltbeauftragte Norbert Grimm für den Massenexodus aus: „Zum einen führt das Absterben von Algen zu sauerstoffarmem Wasser in Strandnähe, so dass die Jungfischschwärme im Flachwasser ersticken. Zudem jagen derzeit Makrelen in Ufernähe die Schwärme der etwa acht Zentime-

Tausende toter Fische –
kein schöner Anblick für Urlauber

ter langen Jungheringe. Diese springen dann in Panik aus dem Wasser und verenden." Des einen Leid, des anderen Freud: Während die Strandreiniger der Kurverwaltungen in jenen Tagen unablässig auf Achse waren, bot sich für die Möwen ein Festmahl.

Die schleichende Pest der Meere

Diese Zahl liest sich dramatisch: Nach Schätzungen der Umweltschutzorganisation WWF gelangen jährlich mehr als 100.000 Tonnen Öl in die Nordsee. Für viele Vögel bedeutet das den sicheren Tod: Das Öl verschmutzt zunächst ihr Gefieder, durch das Putzen mit dem Schnabel gelangt es dann in den Magen- und Darmtrakt.

Wenn große Mengen Öl unvermittelt – etwa durch eine Schiffshavarie – ins Meer entweichen, sind die Folgen besonders drastisch und augenscheinlich: So wurden allein zwischen November 1982 und April 1983 an Sylts Stränden 909 tote Trauerenten, 881 Trottellummen und 1251 weitere Vögel eingesammelt, die an Verölung verendet waren.

Im Februar 2004 wurden rund 3000 Ölvögel – überwiegend Trauerenten – im Bereich der nordfriesischen Inseln registriert. Als Ursache wurde eine Meeresverschmutzung durch Schweröl angesehen.

Vermutlich durch illegale Reinigungsarbeiten auf einem Schiff in Küstennähe kommen im April 1997 Hunderte von Seevögeln zu Tode. Pro Tag finden Spaziergänger und Naturschützer an Sylts Stränden bis zu 50 verölte Tiere. In der Seevogel-Rettungsstation am Sylter Tierheim kommen die Helfer mit der Arbeit kaum nach. „Zuerst die Notfälle", sagt eine Tierpflegerin und trägt behutsam einen stark verölten Rothalstaucher zur Waschecke. Der Vogel krächzt aufgeregt, nervös zuckt der Kopf hin und her, ein kräftiger Schnabelhieb trifft den Unterarm der Tierpflegerin. „Die Vögel sind in einer großen Stress-situation." Und so kommt es in diesen Tagen auch immer wieder vor, dass „einem ein Tier unter den Händen wegstirbt". Der Rothalstaucher aber scheint noch gut bei Kräften zu sein. Willig lässt er sich im 42 Grad warmen Wannen-

Dieser Vogel konnte noch rechtzeitig im Sylter Tierheim behandelt werden – für viele Artgenossen kam jede Hilfe zu spät

bad einschäumen, schon bald hat sich das Wasser in eine schwarze Brühe verwandelt. Nach dem Bad soll die Verabreichung von Elektrolyten und Kohletabletten inneren Vergiftungen vorbeugen, Fische stillen den Appetit des Vogels. Inzwischen trudeln immer wieder neue Patienten ein. Auch der Vorsitzende des Sylter Tierschutzvereins bringt einen Basstölpel und flucht: „Das Elend am Strand kann einen richtig wütend machen."

Aber auch der Wohlstandsmüll wird Vögeln immer wieder zum Verhängnis. Drei Beispiele der vergangenen Jahre von vielen: In List wurde ein Austernfischer gesichtet, der keine Nahrung mehr aufnehmen konnte, weil sein Schnabel durch einen Plastikring verschnürt war. In Kampen wurde der Kadaver eines Basstölpels in einem Plastiknetz angetrieben. Und in Rantum eine Trottellumme, die in einen Strick verwickelt war.

Bedrohte Vogelwelt

Nicht nur im ölgetränkten Meer, auch an Land kommt die Vogelwelt oft nicht zur Ruhe – bisweilen noch nicht einmal in einem Naturschutzgebiet. Zu einem solchen wurde das 1937 ursprünglich als Seefliegerhorst angelegte Rantum-Becken im Jahre 1962 erklärt. Zuvor hatte man die verschiedensten Ideen für die Nutzung der eingedeichten Bucht erörtert – angefangen von einem Standort für wassersportliche Veranstaltungen über die Trockenlegung zugunsten des Anbaus von Gemüse bis hin zur Ansiedlung einer Mülldeponie. Doch keines dieser Luftschlösser wurde je gebaut. Statt dessen hatten im Laufe der Jahre gefiederte Gäste das 570 Hektar große Rantum-Becken in Besitz genommen. Nicht nur Zugvögel legten in der Bucht gerne Rast ein, auch die Zahl der Brutvogelarten wuchs stetig: 60 Arten wurden bis 1969 registriert. Doch dann ging es bergab: „Die Zahl der Brutvögel ist in den beiden vergangenen Jahren um 90 Prozent zurück gegangen – das Rantum-Becken droht zu einer stinkenden Landschaft zu werden", alarmierte der Vorsitzende des Naturschutzvereins Jordsand 1971 die Öffentlichkeit. Grund: Eingeleitete Abwässer der Stadt Westerland bahnten sich ihren Weg durch die breiten Schilfgürtel des Refugiums und verteilten sich in der Bucht. Erst ein neues Klärwerk schuf Abhilfe.

Seit hundert Jahren auf Sylt ausgestorben: Der Weißstorch

Viele Vogelarten fühlen sich auf Sylt heimisch – doch einige traten im Laufe der vergangenen Jahrzehnte den Rückzug an. 14 ausgestorbene Brutvogelarten werden von den Ornithologen vermisst – darunter der Weißstorch, der auf Sylt 1909 zum letzten Mal gesichtet wurde, die seit 1988 ausgestorbene Wachtel ebenso wie Vogelarten mit so klangvollen Namen wie Goldregenpfeifer, Rosenseeschwalbe oder Tüpfelsumpfhuhn. Jüngste ausgestorbene Art ist der Alpenstrandläufer – seit 1800 hier ansässig, wurde er ab 1992 nicht mehr gesehen. Aber auch populäre Arten wie Kiebitze und Rotschenkel sind gefährdet. Denn seit Rabenkrähen nicht mehr gejagt werden dürfen, gehen die Bestände der Wiesenvögel drastisch zurück. „Es wird in den Wiesen des Sylter Ostens bald sehr ruhig werden", prophezeit ein Gebietsbetreuer der Söl'ring Foriining. Die Zahl der Wiesenvögel sei mittlerweile um mehr als die Hälfte dezimiert worden. „Die Krähen sind sehr schlau, suchen die Wiesen systematisch nach Nestern ab", weiß ein Sprecher der Naturschutzgemeinschaft Sylt. Und so spielt sich in der Vogelwelt des Sylter Ostens Frühling für Frühling ein weitgehend unbemerktes Drama ab.

Muscheln in Bedrängnis

Auch eine andere Tragödie spielt sich vornehmlich im Verborgenen ab – nämlich unter der Wasseroberfläche. Dort verdrängt ein Einwanderer die Einheimischen: Die Pazifische Auster fasst im Sylter Wattenmeer zunehmend Fuß. Naturschützer schlagen Alarm: „Die Ansiedlung kann zu unkalkulierbaren und irreversiblen Risiken für die heimische Lebensgemeinschaft des Wattenmeeres führen", warnt das Senckenberg Institut in Wilhelmshaven. In einer weiteren Studie stellten Wissenschaftler fest: „Zumindest in Teilgebieten hat die Ausbreitung der Pazifischen Auster bereits zu einer gravierenden Änderung im Wattenmeer geführt."

Ursache für die wachsende Ausbreitung: In den 1960-er Jahren wurde die Pazifische Auster zunächst an der niederländischen Küste, 1986 dann auch im Lister Wattenmeer zu Zuchtzwecken eingebürgert. Seitdem verteilen sich die Schalentiere, die den meisten Menschen nur von der Speisenkarte bekannt sind, im weiten Umfeld; heute findet man sie bereits am Strand von Hörnum und im Morsumer Watt.

Wenn sich die Nordsee im Hochsommer auf mehr als 20 Grad erwärmt, vermehren sich die Austern sprunghaft. Leidtragende sind in erster Linie die Miesmuscheln: Austern siedeln sich bevorzugt auf hartem Untergrund an – dafür sind die Miesmuschelbänke ideal geeignet. „Seit 2001 beobachten wir eine Übernahme der heimischen Muschelbänke durch die Pazifische Felsenauster", sagt der Leiter der Wattenmeerstation Sylt. Da die Austern schneller als die Miesmuscheln wachsen und diese auch an Größe überflügeln, haben sie die bestehenden Muschelbänke schnell überwuchert, entziehen den Miesmuscheln die Lebensgrundlage. Setzt sich der Anstieg der Austernpopulation weiterhin so ungebremst fort, könnten jedoch Epidemien ausbrechen und die Austernbestände wieder regulieren.

Bekam bedrohliche Konkurrenz:
Die heimische Miesmuschel

Hundesuche mit Happy End

Fröhlich springt „Vincence" an seinem Frauchen hoch, aus den schwarzen Hundeaugen blitzt der Schalk. „Als wäre nichts gewesen", staunt Silke Tuchard. Dabei hätte der kecke Dackel eigentlich allen Grund zum Schwermut: 50 Stunden war der Hund in einem Fuchsbau gefangen und konnte aus seinem Gefängnis erst nach einer mehrstündigen Rettungsaktion befreit werden.

Es war ein Spaziergang wie viele andere, der Silke Tuchard im Oktober 2003 am Morsum-Kliff entlang führte. Doch plötzlich, in einem unbewachten Moment, war „Vincence" verschwunden. „Erst habe ich ihn gerufen, dann andere Spaziergänger angesprochen, schließlich die Polizei angerufen." Die bereits gepackten Koffer blieben stehen – eigentlich war für den nächsten Morgen die Heimreise geplant. Dennoch musste sich die Pinnebergerin einen langen weiteren Tag gedulden, ehe die erlösende Nachricht kam: „Vincence" lebt.

Drei aufmerksamen Morsumern war es zu verdanken, dass der Rauhaardackel zum zweiten Mal in seinem Leben das Licht der Welt erblicken durfte: Sie hatten vom Verschwinden des Hundes gehört und das Kliff inspiziert, als sie auf

Glücklich vereint: Silke Tuchard und der kleine Ausreißer. Der Morsumer Broder Fink hatte tatkräftig mitgeholfen, den Fuchsbau freizulegen

einmal aus einem Fuchsbau heraus ein leises Wimmern vernahmen. Stück für Stück gruben sich die Schaufeln durch die zähe Tonschicht, bis das Trio nach vierstündiger Arbeit in zwei Metern Tiefe fündig wurde: Zwei schwarze, runde Augen blickten ihnen ängstlich entgegen.

„Er hatte nur kräftigen Appetit, ansonsten war der Hund wohlauf", berichtete einer der Lebensretter. Überglücklich schloss Silke Tuchard den kleinen Ausreißer wenig später in ihre Arme.

„Xenas" Schutzengel

Auch ein anderer Vierbeiner reiste mit seinem Schutzengel nach Sylt: Die Retriever-Hündin „Xena" war gerade erst von einer schweren Verletzung am Oberschenkel genesen, als sie im März 2007 in noch weitaus größere Gefahr geriet. Es geschah, nachdem ihre Besitzer das im vierten Stock gelegene Hotelzimmer verlassen hatten, um zu frühstücken. Plötzlich bemerkte das Ehepaar draußen auf der Straße eine aufgeregt gestikulierende Menschenmenge. „Ich hatte gleich so eine böse Vorahnung", erinnert sich Xenas Frauchen. Und diese sollte sich allzu schnell bewahrheiten: Passanten berichteten dem Ehepaar, dass ein Hund aus einem der Fenster gestürzt sei.

Obwohl die Hündin aus zwölf Metern Höhe auf einer Werbevitrine in der Westerländer Friedrichstraße aufgeschlagen war, fehlte von ihr zunächst jede Spur: „Xena" war unter Schock davongelaufen. Doch wenig später fanden die Besitzer das Tier verängstigt und humpelnd in der nahen Strandstraße wieder. „Der Hund hatte unglaubliches Glück", befand denn auch der Tierarzt, der keinerlei Brüche feststellte. Erleichtert machte sich das Ehepaar am nächsten Tag auf die Heimreise – dorthin, wo keine Gefahr dieser Art lauert: Die heimische Wohnung befindet sich im Erdgeschoss.

Wenn's nur das Feuer wär – meint die Feuerwehr

Nicht immer hat es die Feuerwehr deshalb brandeilig, weil irgendwo Flammen lodern: Bisweilen müssen die Helfer auch ein Herz für Tiere beweisen. Nicht eben beliebt ist bei den Kameraden dabei die Beseitigung von Wespennestern, was auf der Insel recht häufig vorkommt. Doch die Chroniken der Sylter Feuerwehren verzeichnen auch etliche ungewöhnliche Einsätze. So erinnert man sich bei der Tinnumer Feuerwehr beispielsweise an die mühsame Rettung eines Pferdes aus einem sumpfigen Graben: Nachdem die Helfer dem Tier Löschschläuche um den Bauch gewickelt hatten, wurde das Pferd an diesen mit einem Trecker aus dem Graben gezogen. Ähnlich zeitintensiv war das Einfangen eines Schwans, der eine Angelschnur verschluckt hatte.

Auch bei der benachbarten Keitumer Feuerwehr kann man auf manch kuriosen Einsatz verweisen: Eine Katze vom Baum und einen Hund aus dem Wattenmeer retten, einen Dackel aus einem Kaninchenloch und eine Kuh aus einem Graben befreien – all das ist schon vorgekommen. Krönung der tierischen Hilfeleistungen: Am 15. August 1999 mussten die Feuerwehrmänner einen entflogenen Papagei einfangen.

QUELLENVERZEICHNIS

LITERATUR

„75 Jahre Freiwillige Feuerwehr Morsum", div., 1996

„100 Jahre Elektrizität auf der Insel Sylt", Harald Voigt, 1993

„100 Jahre Freiwillige Feuerwehr Archsum", Günter Pfeiffer, 1999

„100 Jahre Freiwillige Feuerwehr Tinnum", div., 1987

„100 Jahre Freiwillige Feuerwehr Wenningstedt-Braderup", Rolf Spreckelsen, 1996

„100 Jahre Freiwilliges Rettungscorps", Manfred Wedemeyer, 1991

„125 Jahre Freiwillige Feuerwehr Keitum", div., 2005

„125 Jahre Freiwillige Feuerwehr Westerland", Frank Deppe, 2005

„Blick auf 100 Jahre Morsum", Martin Rögener, 1999

„Chronik betreffend der Insel Sylt", Henning Rinken, 1843

„Chronik der Norddörfer", Rolf Spreckelsen, 1981

„Chronik der Stadt Westerland", Hans-Werner Jessel, 1964

„Clara Enss – Aufzeichnungen aus ihrem Nachlass", Christiane Retzlaff, 2002

„Das Meer vernichtet und segnet", Wilhelm Jessen, 1967

„Das Schleswig'sche Wattenmeer", Christian Peter Hansen, 1865

„Dem Verbrechen auf der Spur", Eckhart Pohl, 2006

„Der Fremdenführer auf der Insel Sylt", Christian Peter Hansen, 1859

„Der große Schnee", Helmut Sethe, 1979

„Die Eisenbahn nach Sylt", Rolf Stumpf, 2003

„Die Festung Sylt", Harald Voigt, 1992

„Die Grabsteine an der Kirche Sankt Severin", Gerd Dannenberg, 1989

„Die großen Kriminalfälle", Helfried Spitra, 2004

„Die Insel", Michael Jürgs und Tassilo Trost, 1978

„Die Todesfahrt der Königin Luise", Broder Bahnsen-Pößneck, 1915

„Die Vögel der Insel Sylt", Gerhard Pfeifer, 2003

„Flüchtlingsland Schleswig-Holstein", Willy Diercks, 1997

„Geschlechter kommen und gehen", Richard Stöpel, 1927

„Inseln der Seefahrer", Georg Quedens, 1996

„Klappholttal, Geschichte und Geschichten", Michael Andritzky und Kai Friedrich, 1989

„Kreuz und Hakenkreuz auf Sylt", Gerd Dannenberg, 1987

„Leinen los – Geschichte der Sylter Schiffahrt", Gert Uwe Detlefsen, 2002

„Nordseebad Rantum", Heinz Brich, 1998

„Orkan über Sylt", Hans Jürgen Stöver, 1990

„Rantum auf Sylt – Die Geschichte eines sterbenden Dorfes", Wilhelm Jessen, 1924

„Sagenhaftes Sylt", Frank Deppe und Volker Frenzel, 1996

„Sankt Martin in Morsum", Jochim Hartung, 1988

„Sea Seals", Lea Konrad, 2005

„Sylt – 700 Jahre Kampf der Friesen gegen den Blanken Hans", W. Matthiesen, 2001

„Sylt – Abenteuer einer Insel", Sven Simon, 1980

„Sylter Landschaftsärzte", Roland Klockenhoff, 1988

„Sylt – Erlebtes und Erlauschtes", Johannes Rosenkranz, 1959

„Sylter Originale", Frank Deppe, 2006

„Sylter Straßennamen", Frank Deppe, 2005

„Sylter Wahrzeichen", Frank Deppe, 2007

„Sylt im Sturm", Frank Deppe und Volker Frenzel, 2006

„Sylt – Inselgeschichten", Frank Deppe und Volker Frenzel, 1998

„Sylt-Lexikon", Harry Kunz und Thomas Steensen, 2002

„Sylt – mehr Inselgeschichten", Frank Deppe und Volker Frenzel, 2005

„Sylt – Memoiren einer Insel", Peter Schmidt-Eppendorf, 1977

„Sylt – Natur und Kultur", Henry Koehn, 1951

„Sylt prominent", Frank Deppe und Volker Frenzel, 2004

„Sylt Stories", Antje Joel, 2007

„Trutz, blanke Hans", Uwe Sönnichsen und Hans-Werner Staritz, 1978

„Vom Ruderboot zum Rettungskreuzer", div., 1992

„Von Walfängern und Strandräubern – Sylter auf Beutezug", Frank Deppe, 2007

„Westerland auf Sylt – das Bad im Wandel der Zeiten", Hans-Jürgen Stöver, 1980

MEDIEN:

„ARD"
„Associated Press"
„Berliner Kurier"
„BILD"
„Deutscher Depeschen-Dienst"
„Deutsche Presse-Agentur"
„FOCUS"
„Hamburger Abendblatt"
„Hamburger Morgenpost"
„Inside Kampen"
„Lübecker Nachrichten"
„News Free Radio"
„Norddeutscher Rundfunk"
„Neuer Sylt Anzeiger"
„Nordsee Zeitung"
„Quo vadimus"
„SPIEGEL TV"
„Sylt aktuell"
„Sylter Kurzeitung"
„Sylter Rundschau"
„Sylter Tageblatt"
„Sylter Zeitung"
„Sylt-Magazin"
„tv Sylt"
„VOX"
„Wattenmeer International"
„WELT"
„WELT am Sonntag"
„Wochenspiegel"
„www.chronikverlag.de"
„www.einestages.spiegel.de"
„www.filmportal.de"
„www.geschichte-luftwaffe.de"
„www.lauritzen-hamburg.de"

„www.syltinfo.de"
„www.sylt-netnews.de"
„www.tatort-fundus.de"
„www.waddensea-secretariat.org"
„www.wikipedia.de"
„www.yacht.de"
„Zeitschrift für Klimatologie
und Kurort-Hygiene"

INSTITUTIONEN:

Aero-Club Sylt
Bundesamt für Seeschifffahrt
und Hydrographie
Bundesstelle für Flugunfalluntersuchung
Deutsche Rettungsflugwacht
Gewerkschaft für Erziehung
und Wissenschaft
Insel- und Halligreederei
Landtag Schleswig-Holstein
Polizeidirektion Husum
Schutzgemeinschaft Deutsche Nordseeküste
Seeamt Kiel
Sylter Archiv
U-Boot Museum Fehmarn
Vormals Kaiserliches Gesundheitsamt
zu Berlin

sowie zahlreiche eigene Aufzeichnungen
des Autors